旬の味手帖

野澤幸代
久保香菜子

成美堂出版

目次

夏の旬

秋の旬

冬の旬

この本の使い方

材料表について

◆計量単位は、小さじ1＝5mℓ、大さじ1＝15mℓ、1カップ＝200mℓ、1合＝180mℓです。1mℓ＝1ccです。

◆材料表にあるカッコ内の人数は、でき上がりのおおよその分量です。少量では作りにくい料理などは、1回に調理しやすく、使いやすい量で(作りやすい分量)としてあります。

◆適量は好みで加減してちょうどよい量を入れる、適宜は好みで入れなくてもよい、という意味です。

◆特に表記がない場合、しょうゆは濃口しょうゆ、砂糖は上白糖、酒は日本酒、みりんは本みりん、こしょうは白こしょうを使っています。塩は天然のにがりを含む塩をおすすめします。オリーブ油は、エクストラ・ヴァージン・オリーブ油です。

◆だしは上記で紹介した昆布と削り節で取ったものです。固形や顆粒状のだし、スープの素を水または湯で溶いて使う場合は、塩分が含まれていますので、塩の分量を控えてください。

◆葛(くず)粉は、なければ片栗粉で代用してください。

作り方について

◆野菜類などは、特に表記がない場合、洗う、皮をむくなどの作業をすませてからの手順を説明しています。

◆フライパンは、原則としてフッ素樹脂加工のものを使用しています。

◆火加減は、特に表記のないものは中火で調理してください。

◆電子レンジは出力500Wのものを使っています。600Wの場合は加熱時間を0.8倍してください。

◆鍋やコンロ、魚焼きグリルにはそれぞれくせや特徴があるので、火加減や加熱時間は状態を見ながら調整してください。

◆オーブンは機種によって加熱温度、加熱時間、焼き上がりが異なります。表記の時間を目安に、様子を見ながら調整してください。

◆でき上がり写真は盛りつけ例です。材料量の分量と異なることがあるのでご注意ください。

◆調味料は製品によって食味に違いがあるので、必ず味見をして仕上げてください。

◆「立て塩」は、水1カップに塩小さじ1を溶かした、海水より少し薄い塩水のこと。「強塩(ごうじお)」は、表面が白くなるくらい塩を振ることを意味します。

この本で使う だしの取り方

この本では、昆布と削り節で取った「一番だし」とその残りを利用した「二番だし」を合わせたものを基本の「だし」として使います。

材料（約5カップ分）
水……5カップ　昆布……15g
削り節……25g

鍋に分量の水と昆布を入れて3時間から半日おく（夏場は冷蔵庫で）。

↓

鍋を中火にかけ、10分ほどかけてゆっくり加熱する。昆布の厚い部分に爪を立て、やわらかくなっていれば、煮立つ前に引き上げる。

↓

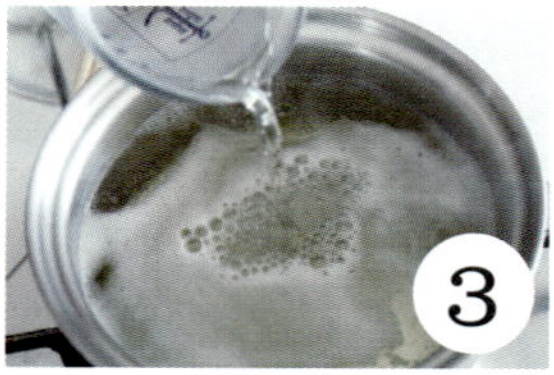

いったん沸騰させてアクを取り、火を弱めて水を1/4カップ（分量外）ほど加える。

↓

削り節を一気に加えて中火にし、周囲が煮立ったら火を止める。削り節が軽く沈むまで待ち、厚手のキッチンペーパーを敷いたざるで漉す。絞らないこと。

でき上がった「一番だし」。＊この本では、「茶碗蒸しのぎんなんあん」(P.236)、「かぶら蒸し」(P.320)、に使用。

取り置いた昆布と削り節にひたひたの水を加えて弱めの中火にかけ、煮汁が1割ほど減るまでコトコト煮出す。

↓

厚手のペーパータオルを敷いたざるで漉し、汁気をしっかり絞る。

↓

でき上がった基本の「だし」。一番だしに二番だしを合わせたものが、この本で使う「だし」。＊冷蔵で2〜3日、冷凍で1か月保存可能。

春の旬

ふきのとう

厳しい寒さのなか、土を割って顔を覗かせるふきのとうは、春の訪れをいち早く知らせてくれる山菜です。まずは刻んでみそ汁に浮か

べ、香りと苦みを楽しみます。「春は苦みを盛れ」と言われるように、この苦みが寒さで縮こまっていた身体に刺激を与え、目覚めさせてくれます。

　アクが強いため、お浸しや和え物にするときはアク抜きが必要。ただし、さらしすぎは香りが弱くなるので頃合いを見計らいます。油で調理する料理には、アク抜きせずに生のまま使えます。切った端から黒ずむので、すぐ調理できるよう鍋や油、調味料を用意してから刻むとよいでしょう。

アクの抜き方

1

茶色くなった葉があれば取り除き、根元の黒ずんだ部分を薄く削ぎ、洗って水気をきる。

2

熱湯に塩を多めに加え、つぼみに熱が入るようやや長めにゆでる。

3

湯をきり、数時間〜一晩水にさらしてアクを抜く。水気をよく絞る。

選び方

花が開ききっているもの、切り口が黒ずんでいるものは避け、つぼみがかたくて全体に若々しいものを選ぶ。山採りはつぼみの周りの葉が開いているものでも差はないが、パック詰めの栽培品は葉が開いていないものがよい。

保存

乾燥しやすいため霧を吹いた紙で包んでポリ袋に入れ、野菜室で保存する。時間がたつとアクが回るので、なるべく早めに使いきる。

ふきみそ三種

ふきみそ

苦みを抑えたいなら塩を加えて下ゆでし、水気をよくきって炒めます。

材料（作りやすい分量）

ふきのとう……4〜5個（50g）
赤みそ……30g
みりん……大さじ2
太白ごま油（または好みの植物油）
……大さじ1/2

作り方

1 赤みそはみりんを加えて溶きのばす。
2 鍋に大白ごま油を入れておく。
3 ふきのとうを5㎜角くらいに刻み、すぐに**2**に入れ、中火で炒める。
4 全体に油が回ったら**1**を加え、弱火で練り合わせる。

豚ふきみそ

沖縄の油みそ風に豚バラ肉を加えた、濃厚でボリュームのあるふきみそです。

材料（作りやすい分量）

ふきのとう……3～4個（40g）
豚バラ薄切り肉……50g

A
みそ……50g
みりん……大さじ1
砂糖……大さじ2

酒……1/4カップ

作り方

1 豚肉は1×2㎝程度に刻む。

2 **A**を混ぜる。

3 鍋に豚肉と酒を入れて中火にかけ、肉をほぐしながら煮る。煮立ったら弱火にし、肉の脂がしみ出てきたら、いったん火を止めておく。

4 ふきのとうを5㎜角くらいに刻み、すぐに**3**に加えて中火で炒める。脂がなじんだら**2**を加え、弱火で練り合わせる。

酒粕チーズふきみそ

ふきのとうに酒粕とクリームチーズ、黒こしょうを合わせた洋風テイスト。

材料（作りやすい分量）

ふきのとう……2～3個（30g）

A
酒粕（吟醸酒粕などやわらかいもの）……30g
クリームチーズ……20g
黒こしょう……少々

オリーブ油……大さじ1/2

作り方

1 鍋にオリーブ油を入れておく。

2 ふきのとうを5㎜角くらいに刻み、すぐに**1**に入れて中火で炒め、油がよくなじんだら火から下ろす。

3 **2**の粗熱が取れたら、**A**を加えて練り合わせる。

◆三種とも、冷蔵で約2週間保存できる。

ふきのとうの天ぷら

花のような姿と強い香りを楽しむ、薄衣の天ぷら。

材料（2人分）

ふきのとう……4個
薄力粉……大さじ2
冷水……大さじ3
レモン（くし形切り）……2切れ
片栗粉、揚げ油、塩……各適量

作り方

1　ふきのとうはつぼみが出るまで葉を広げ、つぼみ側に片栗粉をハケで薄くつける。

2　薄力粉と冷水を混ぜて衣を作る。揚げ油は170℃に熱する。

3　1のつぼみ側に衣をつけ、揚げ油に伏せて入れる。つぼみがカリッとしたら裏返し、さっと揚げる。

4　器に盛り、塩とレモンを添える。

つぼみ側に片栗粉を薄くまぶすと衣がつきやすい。外側はまぶさなくてよい。

葉が閉じないよう、折り目がつくくらいしっかり開く。

ふきのとうのペペロンチーノ

苦いイタリア野菜「ラディッキオ」のパスタのおいしさを、ふきのとうで再現。予想通りの美味！

材料（2人分）

ふきのとう……4～5個（50g）
スパゲッティ……160g
にんにく……1かけ
赤唐辛子……1本
ベーコン……2枚
オリーブ油……大さじ3～4
塩、しょうゆ……各適量

作り方

1 にんにくはみじん切りにし、赤唐辛子は半分にちぎって種を出す。ベーコンは2cm幅に切る。

2 スパゲッティを塩を加えた熱湯で表示時間通りゆで始める。

3 フライパンにオリーブ油と**1**を入れて弱火にかける。香りが立つまでの間にふきのとうを四～六つ割りにし、すぐにフライパンに加えて、中火で炒める。

4 ゆで上がったスパゲッティとゆで湯1/4カップを**3**に加え、手早く炒め合わせ、しょうゆをたらして香りづけする。

たらの芽

「山菜の王様」と呼ばれるほど人気があるのは、独特の香りとほろ苦さ、しっかりした食べ応えがあるうえ、油気を感じるくらいのコク

があるから。コクの源は豊富なたんぱく質です。そのため「山の肉」とも言われます。
何といってもおいしいのは、天ぷら。天つゆなどいりません。塩をちょんとつけて食べると、風味がいっそう引き立ちます。また、ホイルで蒸し焼きにすると、ホクホクとした口当たりに。お浸しや和え物にするときは、さっと塩ゆでをして冷水にさらし、アク抜きしてから使います。

下ごしらえ

1

はかまを取り、かたい部分を切り落とす。

2

根元に十文字に切り目を入れる。

選び方

茎が太くて張りがあり、緑が鮮やかなもの。若芽がやわらかく、開ききっていないものを選ぶ。

保存

紙で包み、野菜室で2～3日を目安に保存する。

チヂミ

上新粉入りのもっちりした生地で食べ応えがあります。盛りつけるとき、卵の面を上にするときれいです。

材料（2〜3人分）

たらの芽……6個（70g）
桜えび……5g
卵……1個

A
薄力粉、上新粉（または米粉）……各大さじ2
鶏がらスープの素……小さじ1/3
塩……少々
水……1/2カップ

糸唐辛子……少々
植物油、酢、しょうゆ……各適量

作り方

1 **A**を混ぜて、生地を作る。

2 たらの芽は下ごしらえし、縦半分に切る。

3 フライパンに植物油大さじ1を中火で熱し、**1**を流してたらの芽を並べ、桜えびを散らす。

4 生地の表面が乾いてきたら、卵を溶いて回しかけ、弱火にする。縁が焼けてきたら裏返し、鍋肌から植物油大さじ2を流し、鍋を揺すって表面をカリッと焼く。

5 切り分けて器に盛り、糸唐辛子をのせ、酢じょうゆを添える。

たらの芽のみそ焼き

焼くとホクッとし、たらの芽特有の油っこさにみそがよく合います。かわいらしい姿を愛でながら、酒のつまみに。

材料（2〜3人分）

たらの芽……小12個（70g）
塩……少々
A
　豆みそ……大さじ2/3
　みりん……小さじ1
白みそ……大さじ1
一味唐辛子、いりごま（金）
　……各適量

作り方

1　たらの芽は下ごしらえし、塩を加えた熱湯でさっとゆでて冷水に取り、水気をきる。

2　**A**は混ぜ合わせる。

3　魚焼きグリルに**1**を入れて強火で焼く。グリルの網から落ちそうなら、アルミホイルを敷く。

4　薄く焼き色がついたら、半量に**2**をかけて一味唐辛子を振り、残りは白みそをかけていりごまを振り、再びグリルで軽く焼く。

こごみ

かがみ込むような姿をしていることから、こごみ、こごめと呼ばれるシダ類（クサソテツ）の若芽です。アク抜きの手間がいらず、手軽

に食べられることから、もっとも親しまれている山菜のひとつ。
ゆでると緑が冴え、軽いぬめりと繊細な甘みが出ます。なめらかな食感とサクッとした歯触りも持ち味。姿のままゆでて、くるみやごまで和えると見た目も春らしい一品に。加熱しても形がしっかりしているので、炒め物やつくだ煮にも向きます。なお、アクはなくとも生食は避けます。

下ごしらえ

1

巻いた葉先から茶色いうぶ毛が出ていたら取る。

2

茎元を1〜2cm切り落とす。

3

熱湯でさっとゆで、ざるに上げる。

選び方

茎の緑色が濃く、筋張っていない、葉がしっかり巻いているもの。切り口が黒くなっていないかを見て選ぶ。

保存

紙で包み、野菜室で4〜5日を目安に保存する。

こごみのくるみ和え

山菜にはくるみ和えが向きますが、とりわけおいしいのがこの一品。「こごんだ」姿のまま和えて、目でも楽しみます。

材料（2〜3人分）

こごみ……2パック（80g）
くるみ……2/3カップ
A
しょうゆ、砂糖……各大さじ2
塩……小さじ1/4

作り方

1 こごみは下ごしらえしてゆで、ざるに上げる。

2 くるみはオーブントースターで薄く焦げ色がつくまで焼き、2、3個取り出して粗く刻む。

3 残りのくるみはすり鉢でよくすり、ねっとりしたら**A**を加えてさらにすり混ぜる。

4 **3**に**1**を加えてさっくり和え、器に盛って**2**の刻んだくるみを散らす。

こごみのピリ辛そぼろ炒め

こごみとピリ辛味がマッチして、ご飯が進むおかずです。最初に豆板醤を油で炒めると、香りと辛みも引き立ちます。

材料（2～3人分）

こごみ……2パック（80g）
豚ひき肉……100g
A
しょうが（せん切り）……1/2かけ分
豆板醤……小さじ1/2
B
しょうゆ……大さじ1/2
酒……大さじ1/2
植物油……大さじ1/2

作り方

1 こごみは下ごしらえしてゆで、ざるに上げる。

2 フライパンに植物油と**A**を入れて中火で炒め、香りが立ったらひき肉を加えて炒める。

3 肉の色が変わったら**B**を加えて調味し、**1**を加えてさっと炒め合わせる。

うるい

庭によく植えられているオオバギボウシの開く前の若葉を、山間部では「うるい」と呼んで昔から山菜として利用してきました。クセがなく、やわらかな口当たりで、誰からも好まれます。アク抜きの必要がなく、刻んで炒め物や汁の実にしたり、さっとゆでて和え物に。ゆでるとぬめりが出て、茎元はサクッとした歯触りです。手軽で食べやすいこ

とから人気になり、栽培品も出回っています。やわらかな葉は生でも食べられるので、生と加熱したうるいの食べ比べも楽しいです。

下ごしらえ

茎元が茶色く変色していれば切る。

選び方

茎が太くて白く、葉がシャキッとしてみずみずしいものを選ぶ。

保存

霧を吹いた紙で包んでポリ袋に入れ、野菜室で3～4日を目安に保存する。

二つの食感のうるいサラダ

生のサクッとした歯触りと、ゆでたうるいのツルリとなめらかなぬめり、その両方を味わうサラダです。

材料（2～3人分）

うるい……1パック（100g）
塩……少々
A
マスタード……小さじ2
白ワインビネガー
……小さじ2
おろしにんにく、塩、
こしょう……各少々
オリーブ油……大さじ2

作り方

1 うるいは下ごしらえして長さを半分に切る。下半分は塩を加えた熱湯でさっとゆで、ざるに上げる。

2 ボウルに**A**を入れて泡立て器で混ぜ、オリーブ油を少しずつ加えて混ぜる。

3 器に、**1**のうるいを盛り合わせ、**2**をかける。

うるいの浅漬け

サクサクした歯触りが心地よく、和え物感覚でたっぷり食べられます。塩分を控えてレモンの酸味を効かせましょう。

材料（2〜3人分）

うるい……1パック（100g）
赤唐辛子（小口切り）……少々
塩……小さじ1/4
塩昆布（細切り）……ひとつまみ（2g）
レモン汁……小さじ2

作り方

1 うるいは下ごしらえして長さを4等分に切り、太いところは縦半分に切り、ポリ袋に入れる。

2 **1**に残りの材料を加えて軽くもみ、30分ほどおく。

3 汁気をきって器に盛る。

菜の花

春は芽吹き野菜の旬。菜の花はつぼみと花茎、葉を食べる花菜で、やわらかい花芽の先だけを収穫しています。口の中でふわっとこ

ぼれるつぼみ、シャキッとした花茎、そして独特のほろ苦さが身上。この苦みが、冬の間に体内に溜まった老廃物を排出し、新陳代謝を活発にしてくれると言われています。

味にコクがあるのでくるみなど油分を含むナッツとよく合い、オリーブ油を使ったパスタもおすすめです。また、一晩昆布締めにした菜の花を刺身風にいただくのもオツな味。なお、似た名前の菜花も同じアブラナですが、こちらは若い茎と葉を食べる茎菜です。

下ごしらえ

1

茎元を少し切り落とす。

2

塩少々を加えた熱湯に入れる。

3

再び沸いたらざるに上げ、風を送って手早く冷ます。冷水に取ると色が悪くなり、味も水っぽくなる。

選び方

つぼみが密集し、葉は淡い緑色、切り口にスが入っていないものを選ぶ。花が咲く寸前がもっともおいしい。束をほどいて水に浸け、シャキッとさせてから使う。

保存

霧を吹いた紙で包んでポリ袋に入れ、野菜室で3〜4日を目安に保存する。咲こうとする花が栄養と水分を吸い上げてしまうので、なるべく早く加熱処理する。

油《ヤウ》菜《チョイ》

香港の定番サイドディッシュです。ゆでる湯に下味をつけるのがポイント。ピーナッツ油を使うと本場の味に近くなります。

材料（2人分）

- 菜の花……2/3束（100g）
- **A** ピーナッツ油（または好みの植物油）……小さじ1
- **A** 鶏がらスープの素……小さじ1
- ピーナッツ油（または好みの植物油）……大さじ1
- オイスターソース……大さじ2/3

作り方

1 菜の花は茎元を少し切る。

2 鍋に湯1ℓを沸かして**A**を加え、**1**を2～3分ゆでてざるに上げ、水気をきって器に盛る。

3 フライパンにピーナッツ油を入れて強火にかけ、煙が立ち始めたら**2**に回しかける。

4 オイスターソースをかける。

菜の花とあさりのペンネ

ペンネと菜の花を一緒にゆで、あさりのうまみが出たトマトソースをからめたボンゴレ・ロッソです。

材料（2人分）

菜の花……1/3束（50g）
ペンネ……160g
あさり（砂抜き）……250g

A
にんにく（みじん切り）……1/2かけ分
赤唐辛子（種を取る）……1/2本
オリーブ油……大さじ3

白ワイン……大さじ2
トマトピュレ（粗ごし）……1/2カップ

作り方

1 菜の花は茎元を少し切り、長さを半分に切る。

2 あさりは殻をこすり合わせて洗う。

3 鍋に湯を沸かして塩適量（材料外）を加え、ペンネを表示時間通りゆで始める。

4 フライパンに**A**を入れて弱火にかける。香りが立ったら、**2**、白ワインを加え、ふたをして中火にする。殻が開いたら、トマトピュレを加える。

5 **3**のゆで上がり1分前に菜の花を加える。ゆで上がったら湯をきって**4**に加えて手早く混ぜ、味をみてゆで湯で塩気を調える。

たけのこ

春たけなわ、桜前線を追うようにたけのこ前線が北上します。

日本の竹は600種以上あると言われていますが、食用にされるのは数種。その代表格が、孟宗竹《もうそうちく》。大型

で肉厚ながらやわらかく、えぐみも少ないのが特徴で、京都の乙訓《おとくに》や大阪の木積《こつみ》、北九州の合馬《おうま》などが名産地として知られます。

たけのこは鮮度が命。えぐみのひとつであるシュウ酸は、一晩で倍に増えると言われますから、できるだけ早くゆでることが最優先事項です。ゆでてしまえばこっちのもの。若竹煮にたけのこご飯、素揚げにステーキ、たけのこ三昧の幸せな日々が続きます。

選び方

切り口がみずみずしく、釣鐘型でずっしりと重みがあり、皮に湿り気とつやがあるものを選ぶ。皮の間隔が狭く、均等なものがよい。

保存

なるべく早くゆでて、皮をむいたら密閉容器に入れて水に浸す。冷蔵で水を替えながら1週間を目安に保存する。

下ごしらえ

1

土を洗い流して皮を2〜3枚はぐ。

2

穂先を斜めに切り落とす。

3

中の身にキズをつけないよう切り目を1本入れる。切り目によって中まで火が通りやすくなる。

4

大きな鍋にたけのことかぶるくらいの水、赤唐辛子1本、米ぬか1/2カップを入れる。

5

中火にかけて落としぶたをする。

6

静かに沸く状態で40分〜1時間、根元に竹串がスッと通るまでゆでる。

7

ゆで汁に浸けたまま、冷めるまでおく。

切り方

1

ぬかを洗い流し切り目から皮をはがす。

2

皮を重ね、繊維と直角に包丁を入れ、スッと切れたやわらかい皮が姫皮。

3

根元の段差は割り箸を使うときれいに削れる。

4

穂先は縦にくし形に切る。

5

根元は半月かいちょう切りにして使う。

6

若竹煮などはこの形に切り分けて。

梅干しのたけのこの皮包み

この時期の、懐かしいおやつ。たけのこを見るとこれを思い出す、という方も少なくないのでは。ゆでたたけのこの皮（こすり合わせてうぶ毛を取る）で梅干しを三角に包み、角からチューチュー吸うという代物。たけのこの風味と、梅干しの酸味と塩気が一体となった、何とも言えないおいしさです。

たけのこ尽くしの献立

たけのこご飯

油揚げをコク出しに加えると満足感が違います。

材料（3〜4人分）

米……2合
ゆでたけのこ（根元）……150g
油揚げ……1枚

A
だし……1カップ
しょうゆ……大さじ1
酒……大さじ1
みりん……大さじ1
塩……小さじ1/2

木の芽……適量

作り方

1 米は炊く30分以上前に洗い、ざるに上げる。

2 たけのこは1・5cm角くらいに切る。油揚げは粗みじんに切り、熱湯をかけて水気を絞る。

3 鍋に**2**、**A**を入れて中火にかけ、煮立ったら7〜8分煮る。そのまま冷まし、具と煮汁を分ける。

4 炊飯器に**1**の米と**3**の煮汁を入れ、水加減してから具を加えて炊く。

5 茶碗によそい、木の芽をのせる。

姫皮の沢煮椀
（作り方P.48）

木の芽和え
（作り方P.48）

たけのこご飯

木の芽和え

木の芽と言うだけで山椒の若芽を指すほど、春を代表する香りです。鮮烈な香りと色をたけのこにまとわせた一品。

材料（3〜4人分）

ゆでたけのこ（根元）……150g

木の芽……1/2カップ

A
- だし……1カップ
- うす口しょうゆ、酒、みりん……各大さじ1/2

B
- 白みそ……大さじ1と1/2
- みりん……大さじ1/2

作り方

1 たけのこは1・5cm角くらいに切る。

2 鍋に**A**を入れて中火にかけ、煮立ったら**1**を加えて4〜5分煮て、冷ます。

3 木の芽は包丁でたたき、すり鉢でよくすってから**B**を加えてさらにすり混ぜ、汁気をきった**2**を加えて和える。

姫皮の沢煮椀

やわらかな姫皮の風味を味わうためのお吸い物です。姫皮は最後に加えて、シャキッとした歯触りを残します。

材料（2〜3人分）

ゆでたけのこの姫皮……40g

にんじん……40g

絹さや……15〜20枚（40g）

だし……3カップ

A
- 塩……小さじ1/2
- しょうゆ、酒……各少々

作り方

1 姫皮はせん切りにする。

2 にんじんは皮をむいてせん切りにし、絹さやは筋を取って斜め細切りにする。

3 鍋にだしを入れて中火にかけ、煮立ったら**2**を加えてさっと煮る。

4 火を弱めてアクを取り、**A**で調味し、姫皮を加えて軽く煮る。

たけのこステーキ

太いたけのこの根元は、
食べやすく切り目を入れてステーキに。
焼き色をつけてポン酢しょうゆをからめるだけで
格別なおいしさ。

材料（2〜3人分）

ゆでたけのこ（根元）……200g
木の芽……10枚
ポン酢しょうゆ……大さじ2
植物油……大さじ1

作り方

1 たけのこは1・5cm厚さの輪切りにし、両面に格子状の切り目を入れる。

2 木の芽は粗みじんに切る。

3 フライパンに植物油を熱して**1**を入れ、弱めの中火で焼き色がつくまでじっくり両面を焼く。

4 ポン酢しょうゆをかけてからめ、器に盛って**2**を散らす。

若竹煮

たけのこと新わかめは出合いもの。
これを食べてこそ、春を実感できます。
たけのこに味がついてからわかめを加えるのがポイントです。

材料（2～3人分）

ゆでたけのこ……350g
生わかめ（または戻したもの）……100g
だし……2カップ
砂糖……大さじ2
A
うす口しょうゆ……小さじ2
酒……大さじ1
塩……小さじ1/4
木の芽……適量

作り方

1 たけのこの穂先はくし形に切り、根元は1・5cm厚さに切ってから半月切りにする。わかめは葉脈を除き、ざく切りにする。

2 鍋にたけのこ、だしを入れて中火にかけ、煮立ったら砂糖を加えて2～3分煮る。

3 **A**を加え、落としぶたをして15分ほど弱めの中火で煮る。

4 味見をしてたけのこに味がついたら、わかめを加えてさっと煮る。

5 器に盛り、木の芽をのせる。

たけのこの素揚げ

料理屋では煮てから揚げますが、家庭ではバンバンたたいてしょうゆをからめればOK。むしろゴツゴツして野趣があり、しょうゆの香ばしさも食欲をそそります。

材料（2〜3人分）

ゆでたけのこ（根元）……200g
しょうゆ……大さじ2
レモン（くし形切り）……2〜3切れ
揚げ油……適量

作り方

1 たけのこは2〜3cm厚さに切り、すりこ木などでたたいて割り、大きめの一口大に裂く。

2 ポリ袋に**1**を入れてしょうゆを加え、空気を抜いて15〜30分ほどおく。

3 揚げ油を160℃に熱し、汁気をきった**2**をじっくり揚げる。

4 器に盛り、レモンを添える。

タイ風グリーンカレー

意外ですが、タイではたけのこはカレーの定番。ココナッツミルクの脂肪分を引き出して煮るのが、おいしく作るコツです。

材料（3～4人分）

- グリーンカレーペースト……35g
- ココナッツミルク……1缶（400g）
- 鶏ささ身……3本
- ゆでたけのこ……100g
- なす……2本
- ミニトマト……6個
- こぶみかんの葉（あれば）……8～10枚
- 鶏がらスープ（または湯）……1カップ
- **A** ナンプラー……大さじ2～2と$\frac{1}{2}$／砂糖……大さじ1
- バジルの葉……1枝分

作り方

1 ささ身は筋を取り、一口大のそぎ切りにする。たけのこは一口大に切り、なすは皮をむいて乱切りにし、水にさらす。ミニトマトはヘタを取る。

2 こぶみかんの葉は縦半分に折って葉脈を取る。

3 ココナッツミルクは缶を振らずに開け、固形分と水分に分ける。

4 フライパンに3の固形分を入れて中火にかける。煮立ったらカレーペーストを加えて混ぜ、油が分離したら、ささ身、2を加えて煮る。

5 ココナッツミルクの水分、鶏がらスープを加え、煮立ったら、1の残りを加えて軽く煮る。

6 Aで味を調え、器に盛ってバジルを添える。

濃厚なココナッツミルクでカレーペーストを煮る。

ココナッツミルクの脂肪分が分離したらささ身を加える。

カレーソースができたら、野菜を加えて軽く煮る。なすに火が通ればよい。

たけのこのグリル焼き

朝掘りの新鮮な、しかも細くてやわらかそうなたけのこが手に入ったら、急いで焼きましょう。何とも香りがよく、コリコリしています。多少のえぐみはありますが、それも味のうち。

材料（2～3人分）

たけのこ（細いもの）……3本

塩、オリーブ油……各適量

作り方

1　たけのこは皮つきで、魚焼きグリルで黒く焦げるまで焼く。

2　縦半分に切り、塩を混ぜたオリーブ油を添える。

◆みそを混ぜたオリーブ油もおいしい。

そら豆

そら豆もたけのこと同じくらい足のはやい野菜です。3日が命と言われるほど鮮度落ちが早いため、必ずさやつきを買って食べる直前

にむきます。さやつき800gから採れる豆は約150g。がっかりするほど少しですが、それだけ大切に守られていたということ。塩ゆでにして薄皮をつるりとむき、口に放り込むと、独特の味と香りがパッと広がります。その青臭い風味は強烈で他のさや豆とはまったく違うもの。地中海沿岸から中東が原産と言われ、乾物のそら豆は世界中で親しまれています。あまり知られていませんが、中国の辛みそ・豆板醤もそら豆で作られています。

下ごしらえ

1

豆は空気にふれると急速にかたくなるため、使う直前にさやを割って出す。

2

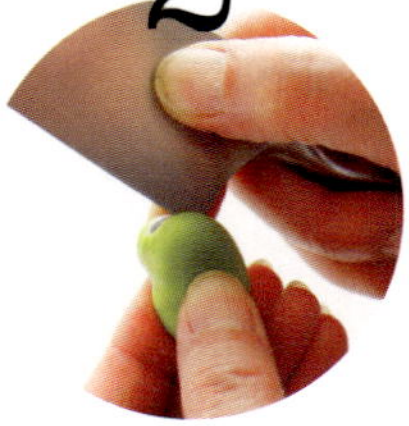

豆の上部のくぼみに包丁の刃元で切り目を入れる。旬の後半になると、お歯黒と言ってここが黒くなる。

3

鍋に湯を沸かして塩少々を加え、そら豆を入れる。薄皮がふくらみ、浮いてきたらざるに上げ、風を送って冷ます。

選び方

なり口が太く、背筋が黒く変色していないもの、豆のふくらみが均一なものを選ぶ。豆はしわが少なく、ふっくらしたものがよい。

保存

さやつきなら紙に包み、冷蔵で2~3日保存できるが、時間とともに味は落ちる。むいた豆は即日使う。

そら豆の塩ゆで

独特のツルッとなめらかな豆の口当たりを楽しむなら、塩ゆでに限ります。切り目を入れてあるのでゆでてから水に取ると、水っぽくなります。

材料（2〜3人分）

そら豆……150g（正味）

塩……適量

作り方

1 そら豆は上部のくぼみに切り目を入れる。

2 鍋に湯を沸かして塩を加え（湯1ℓに対して小さじ1が目安）、そら豆を入れる。

3 薄皮がふくらんで浮いてきたら（3分ほど）ざるに上げ、色があせないように風を送って冷ます。

そら豆のグリル焼き

分厚いさやに包まれて蒸し焼き状態になるため、ゆでるより味が濃厚でホクホクした食感に。アチチと言いながらさやを広げて塩を振り、薄皮ごと食べます。

材料（2～3人分）
そら豆（さやつき）……700～800g
塩……適量

作り方
1 そら豆はさやごと魚焼きグリルや焼き網に並べ、さやの両面が焦げるまで10分ほど焼く。
2 器に盛り、さやを広げて塩を振る。

そら豆のお浸し

みりんの甘みが効いた煮汁でさっと煮て、新しょうがの香りを添えたさわやかな一品。おつゆまで飲み干したくなります。

材料（2〜3人分）

そら豆……150g（正味）
塩……少々
新しょうが（細切り）……ひとつまみ

A

だし……1カップ
みりん……大さじ1
しょうゆ……小さじ1
塩……小さじ1/4

作り方

1 そら豆は下ごしらえして塩ゆでし、薄皮をむく。

2 鍋に**A**を入れて中火にかけ、煮立つ直前に**1**を加え、弱火にして1分ほど煮る。

3 火から下ろして新しょうがを加え、そのまま冷ます。

◆新しょうががないときは、しょうがの絞り汁少々を加える。

そら豆の鎧《よろい》煮

薄皮ごと煮るので鎧煮と言います。下ゆでせずに直に煮て薄皮ごと食べると、コリッとした口当たりが無骨な武者のようです。

材料（2～3人分）

そら豆……150g（正味）

A
- だし……1/2カップ
- しょうゆ……大さじ2
- みりん……大さじ2
- 砂糖……小さじ1/2

作り方

1 そら豆は上部のくぼみに切り目を入れる。

2 鍋にそら豆と**A**を入れて中火にかけ、煮立ったら火を弱め、アクを取りながら5～6分煮る。そのまま冷まして味を含ませる。

そら豆のクミン炒め

じっくり炒めてクミンの香りを移した、エキゾチックなそら豆です。ビールにも白ワインにもぴったり。

材料（2〜3人分）

そら豆……150g（正味）
水……大さじ2
クミンシード……小さじ1
A
| 塩……小さじ1/4
| チリパウダー……小さじ1/3
レモン（くし形切り）……1切れ
太白ごま油……大さじ1/2

作り方

1 フライパンにそら豆と分量の水を入れ、ふたをして中火にかけ、2分ほど蒸して取り出す。

2 フライパンを拭き、太白ごま油とクミンシードを入れて弱火にかける。クミンが弾け始めたら、**1**のそら豆、**A**を加え、5分ほどじっくり炒める。

3 器に盛り、レモンを添える。

そら豆のフムス

ひよこ豆のディップ、フムスのそら豆ヴァージョンです。オリーブ油を減らし、そら豆の風味と色を生かします。

材料（作りやすい分量）

そら豆……150g（正味）

A
- おろしにんにく……1/2かけ分
- 練りごま（白）……小さじ2
- レモン汁……小さじ2
- 塩……小さじ1/2
- こしょう……少々
- 牛乳……大さじ2
- オリーブ油……大さじ2

塩、香菜、バゲット（薄切り）……各適量

作り方

1 そら豆は下ごしらえして塩ゆでし、薄皮をむく。

2 フードプロセッサーで**1**をつぶし、**A**を加えてなめらかになるまで攪拌する。

3 器に盛って香菜を飾り、軽く焼いたバゲットを添える。

グリーンピース

グリーンピースはさやえんどうの一種で、実を食べるための品種。関西にはうすい豆、うすいえんどうと呼ばれる、少し色が薄くて味のよい品種があります。そら豆と同様にさやから出すと味が落ちるので、必ずさやつきを求め、豆を取り出したらすぐにゆでます。ゆで立ての豆を味見すると、手が止まらなくなるおいしさです。結局、料理に到達しない、なんてこともあるかもしれません。

下ごしらえ

1

使う直前にヘタを折って筋を引き、さやを開いて豆をしごくように出す。

2

鍋に湯を沸かして塩少々を加え、グリーンピースを入れる。再び沸いたら中火にし、2〜3分ゆでる。

3

ゆで上がったら、火から下ろしてそのまま冷ます。ざるに上げたり、冷水に取るとシワが寄るのでゆっくり冷ます。

選び方

さやがふっくらとして丸みがあり、みずみずしく張りがあるものを選ぶ。豆をさやから出すと急速に味が落ちるので、必ずさやつきで求めたい。

保存

さやつきなら霧を吹いた紙に包んでポリ袋に入れ、冷蔵で1〜2日保存できるが、時間とともに味は落ちる。むいた豆なら即日ゆでる。

翡《ひ》翠《すい》豆

煮汁と一緒にスプーンでどうぞ。ふっくら煮えたグリーンピースがプチッと弾け、やさしい甘みが広がります。

材料（2〜3人分）
グリーンピース（さやつき）……400g
だし……1カップ
砂糖……大さじ1
うす口しょうゆ……小さじ1
塩……少々

作り方

1 グリーンピースは使う直前にさやから出す。

2 鍋に**1**以外の材料を入れて中火にかけ、煮立つ直前に**1**を加え、厚手のキッチンペーパーなどで落としぶたをする。

3 再び煮立ちそうになったら、弱火にして5分煮る。

4 ボウルに移し、底を氷水に当てて冷やす。

煮汁が冷める間にグリーンピースに味が浸透する。

豆ご飯

塩のみで炊くと豆の色が映えますが、
うっすらしょうゆ色に染まったご飯も家庭的でおいしいものです。

材料（3〜4人分）

米……2合
グリーンピース（さやつき）
……400g
うす口しょうゆ……大さじ1
塩……ひとつまみ
昆布（5㎝四方）……1枚

作り方

1 米は炊く30分以上前に洗い、ざるに上げる。

2 グリーンピースはさやから出し、ざっと洗う。

3 炊飯器に米を入れて水加減し、うす口しょうゆ、塩を加えて軽く混ぜ、昆布、**2**を加えて普通に炊く。

白魚

しらうお

春先に河口近くで獲れる小さな魚、白魚。透明感のある体に大きな黒い目、黒い斑点が目印です。江戸時代、隅田川は白魚の名所で、

白魚漁の舟が川に浮かぶと、江戸に春が来た、と言われたそうです。

踊り食いで知られる素魚《しろうお》も似たような小魚ですが、こちらは体が完全に透明で分類も違います。

白魚のおいしさは、ほのかな甘みと苦み。生をしょうがじょうゆで食べると、ほろ苦さがおいしく、天ぷらにすると軽い口当たりで甘みが引き立ちます。卵とじやかきたま汁など、卵との相性も抜群です。

下ごしらえ

1

ざるに入れ、海水程度の塩水（水1カップに対して塩小さじ1強）の中で軽く振り洗いする。

2

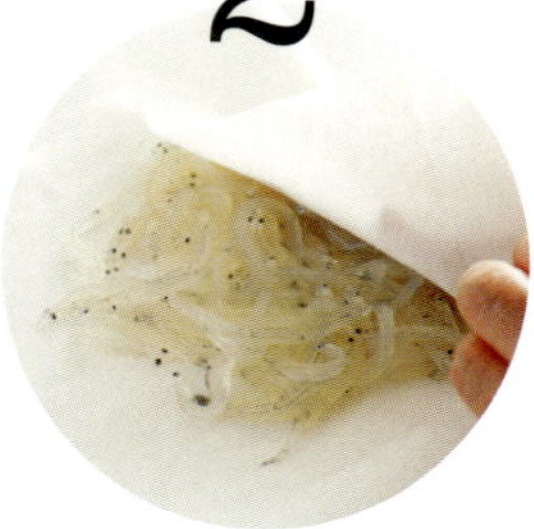

キッチンペーパーではさみ、軽く押して水気をよく取る。

選び方

透明感があり、目がはっきりして体に張りがあるものを選ぶ。時間がたつと白く濁り、やわらかくなる。

保存

包装のまま冷蔵し、生で食べるなら当日。加熱するなら3日間を目安に使いきる。

白魚尽くし膳

生白魚丼

生食ならではの、海の香りと豊かなうまみが美味。

材料（2人分）

白魚……100g
ご飯……300g
焼きのり（全形）……1/4枚
しょうが……1/2かけ
うずら卵……2個
しょうゆ……適量

作り方

1 白魚は下ごしらえする。

2 のりはせん切りにし、しょうがはすりおろす。

3 茶碗に温かいご飯をよそって周りにのりを散らし、白魚を盛ってうずら卵を割り入れる。おろししょうがを添え、しょうゆをかけて食べる。

白魚のかき揚げ
（作り方P.80）

白魚のかき玉汁
（作り方P.81）

生白魚丼

白魚のかき揚げ

大きな白魚なら
筏《いかだ》にして揚げるのですが、
このサイズなら
かき揚げに。

材料（2人分）
白魚……60g
青じそ……1枚
薄力粉……大さじ2
冷水……大さじ3
塩……ふたつまみ
片栗粉、揚げ油……各適量

作り方
1 白魚は下ごしらえして、片栗粉を薄くまぶす。
2 青じそはみじん切りにする。
3 薄力粉、冷水、塩、青じそを混ぜて衣を作る。
4 白魚を1/4量ずつ**3**に入れて衣をからめ、スプーンでまとめ、170℃の揚げ油に滑らせるように落とす。浮いてカリッとしたら、返してさっと揚げる。

白魚のかき玉汁

片栗粉をまぶして口当たりをよくし、余熱で火を入れるのがコツ。

材料（2人分）

白魚……40g
卵……1個
だし……1と1/2カップ
塩……小さじ1/4
しょうゆ……大さじ1/2
酒……少々
片栗粉……適量
三つ葉（葉先）……適宜

作り方

1 白魚は下ごしらえして、片栗粉を薄くまぶす。
2 卵は溶きほぐす。
3 鍋にだしを入れて沸かし、塩、しょうゆ、酒で味を調える。
4 煮立った汁をかき回してから、溶き卵を流し入れる。卵が浮いてまとまったら、1の白魚を加えて火を止める。
5 椀に盛り、あれば三つ葉を浮かべる。

白魚のアヒージョ

スペインのタパスの一種。にんにくを効かせたオイル煮です。残ったオイルはパンでぬぐってきれいに食べてしまいます。

材料（2人分）

白魚……150〜200g
にんにく……1かけ
イタリアンパセリ……2〜3本
赤唐辛子……1本
塩……ふたつまみ
オリーブ油……適量

作り方

1 白魚は下ごしらえする。

2 にんにくとイタリアンパセリはみじん切りにし、赤唐辛子は種を除いて小口切りにする。

3 直火にかけられる器または小さなフライパンにオリーブ油を深さ1〜2cm入れ、にんにく、赤唐辛子、塩を加えて弱火にかける。

4 温まって香りが立ってきたら、白魚を加えて煮る。白魚が白くなったら火を止め、イタリアンパセリを振る。

ほたるいか

日本海に春の到来を告げるほたるいか。蛍《ほたる》のように美しく発光することからこの名がつけられたのだとか。傷みが早いため、スーパー

選び方

胴が丸々としてエンペラが張り、口や目、足がしっかりしているものを選ぶ。

寄生虫の関係で内臓の生食が禁じられているため、生のほたいるいかは刺身用の冷凍品が流通している。寄生虫は冷凍(-30℃で4日以上)すると死滅する。

などに並ぶものは、ほとんどが水揚げされてすぐに釜ゆでされたもの。ミニチュアサイズに似合わず味が大変濃厚なので、しょうがじょうゆや酢みそ、わさびマヨネーズなど、つけだれの味に負けずバリエーションが楽しめます。料理する前に、目玉（かたい部分）、くちばし、軟骨を取り除く「目取り」と呼ばれる下ごしらえをすると、驚くほど食べやすくなります。時間のあるときやおもてなしには、丁寧な下ごしらえをおすすめします。

下ごしらえ

1

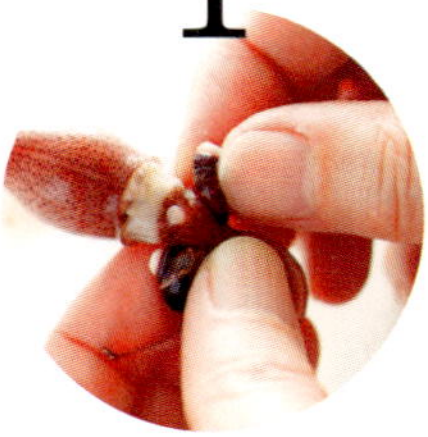

目玉をつまんで取る。

2

足の中にある黒いくちばしを取る。

3

胴の先端をほんの少しつまんで引っ張り、軟骨を抜く。

保存

包装のまま、または密封容器にキッチンペーパーを敷いてほたるいかを入れ、冷蔵庫のチルド室で保存し、消費期限内に食べる。

ほたるいかの炊き込みご飯

炊いている間食欲をそそる香りが漂い、
ふたを開けるとプクッとふくらんだほたるいかがぎっしり。

材料（3〜4人分）

ほたるいか……1パック（100g）
米……2合
しょうが……1かけ

A
水……370mℓ
しょうゆ、酒
……各大さじ1と1/2
みりん……大さじ1

作り方

1 米は炊く30分以上前に洗い、ざるに上げる。

2 ほたるいかは下ごしらえし、しょうがはせん切りにする。

3 土鍋に米を入れて**A**を注ぎ、**2**をのせる。中火にかけ、沸騰したら弱火にして13分炊く。

ほたるいかと新玉ねぎの酢みそ和え

やわらかな新玉ねぎと酢みそを混ぜてから、ほたるいかをさっくり和えると食感の違いが楽しめます。

材料（2～3人分）

ほたるいか……1/2パック（50g）
新玉ねぎ……1個
［酢みそ］
白みそ……大さじ3
酢……大さじ1と1/2
砂糖……大さじ1/2
溶きがらし……少々
木の芽……少々

作り方

1 ほたるいかは下ごしらえする。新玉ねぎは縦半分に切って薄切りにし、好みで水にさらして水気をきる。

2 ボウルに酢みその材料を混ぜ合わせ、新玉ねぎ、ほたるいかの順に和える。

3 器に盛り、木の芽をちぎって散らす。

かつお

フィリピン付近の海で産まれたかつおが黒潮に乗って相模湾にやって来るのが、ちょうど青葉の頃。江戸っ子が珍重した初がつおは、鎌倉から早馬、早飛脚で運ばれた、この上りがつおでした。この後、かつおは三陸沖まで北上し、十月頃に今度は太平洋沿岸を南下します。これが下りがつおです。上りがつおは脂が少なく、皮がやわらかくてたた

選び方

透明感のある赤色で身に張りがあるものを選ぶ。たたきにするなら皮つきを。刺身で食べるなら皮のない節を求める。

き向き。一方、下りがつおは脂がのっていますが、皮がかたいので刺身向きと言えます。家庭でも金串さえあれば、簡単にたたきを作れます。コンロが少し汚れますが、あぶりたての香ばしさは何物にも代えられません。

背身《せみ》と腹身《はらみ》

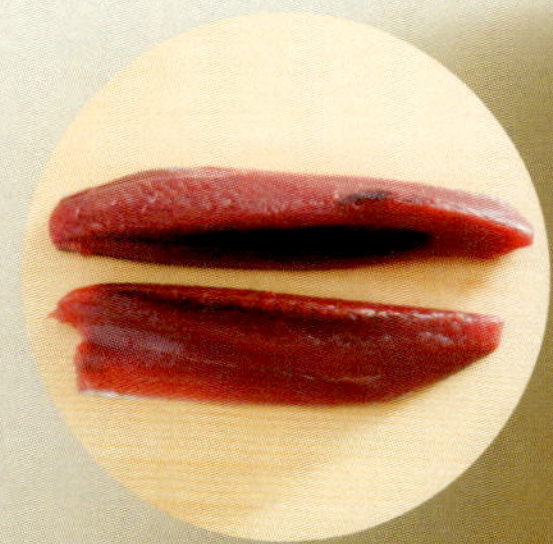

かつおは片身を半分に切る「節取り」というおろし方をし、上を背身、下を腹身と呼ぶ。背身はあっさりとし、腹身は脂がある。血合いが苦手な人は、中骨に沿って血合いを切り落として使うとよい。

保存

キッチンペーパーで包んでからラップでしっかり包む。冷蔵庫のチルド室に入れ、1〜2日のうちに食べきるか加熱調理をする。

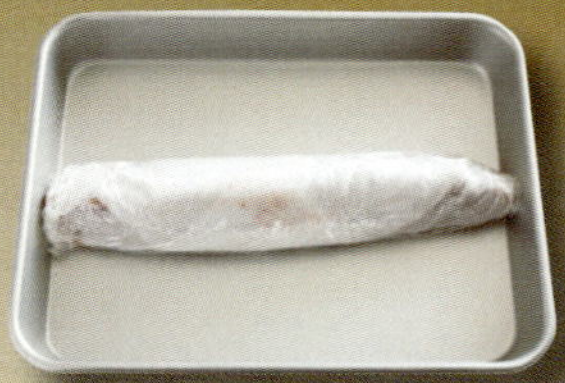

かつおのたたき

ガス火であっても、直火で
あぶった香ばしさは格別。
たっぷりの薬味を添えて、
ポン酢しょうゆを浸る
ほどかけます。今年も初がつおに
出合えたことに感謝。

材料（2〜3人分）

かつお（たたき用。皮つき）
……1節（250〜300g）
塩……適量
新玉ねぎ……1/2個
小ねぎ……1/2束
にんにく……1かけ
ポン酢しょうゆ……適量

作り方

1 新玉ねぎとにんにくは薄切りにし、好みで水にさらして水気をきる。小ねぎは小口切りにする。

2 かつおはまな板に皮を下にして置き、金串を打って皮目に塩を振る。

3 強火に皮目をかざして焼き色をつけ、身のほうは表面が白くなる程度にあぶる。

4 バットに張った氷水に浸け、串を回しながら抜き、氷水で冷やす。キッチンペーパーで水気を拭き、包丁を手前に引くようにして8mm～1cm厚さに切る。

5 器にかつおと1を盛り、ポン酢しょうゆをかけて食べる。

串を打つ

皮のすぐ上に金串を扇状に等間隔に刺す。

塩を振る

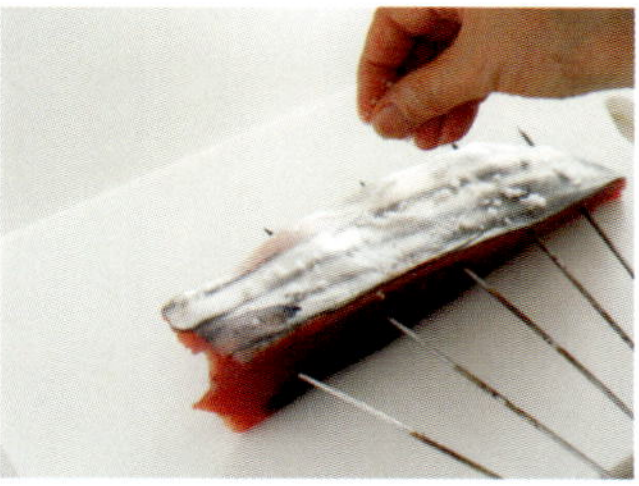

金串を束ねて持ち、裏返して皮目に塩を振る。

焼く

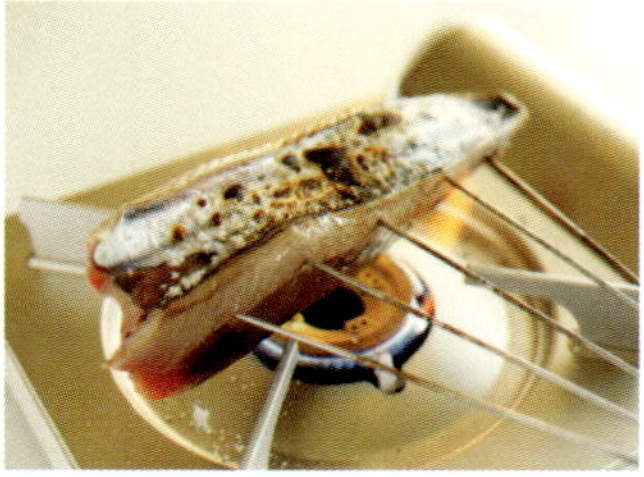

強火の炎にかざして皮目から焼く。皮目に焼き色がついたら、身側はさっと焼く。

串を抜く

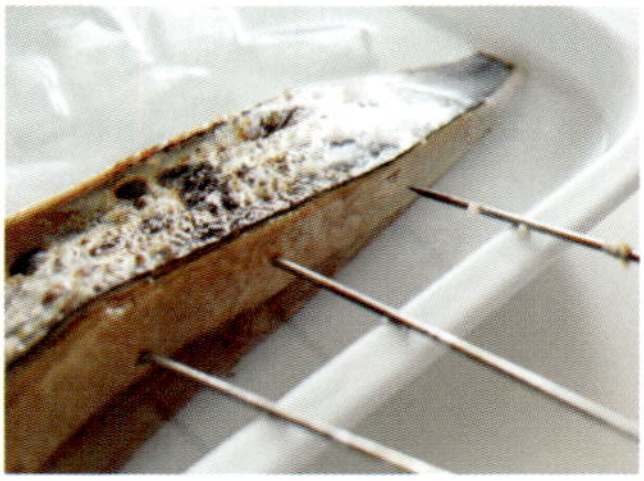

すぐバットに張った氷水に浸け、金串を回して抜き、余熱で火が入るのを止める。

かつおの塩たたき

土佐で食べた塩たたきはあぶってすぐに供されるので少し温かく、それがことさらおいしく感じました。塩とレモンですっきりとかつおの持ち味を楽しみます。

材料（2～3人分）

かつお（たたき用。皮つき）
……1節（250～300g）
塩……適量
青じそ……7～8枚
長ねぎ……1/3本
貝割れ菜……1/2パック
レモン（くし形切り）……2切れ

作り方

1　青じそはせん切りにし、長ねぎは斜めに薄切り、貝割れ菜は根を落とし、長さを半分に切る。それぞれ冷水に放してパリッとさせる。

2　かつおはかつおのたたきの作り方（P.93）**2**～**3**と同様にして焼き、皮を下にしてまな板に置き、金串を回しながら抜く。

3　粗熱が取れたら8㎜～1㎝厚さに切り、切り口に塩を振って手で軽くたたいてなじませる。

4　かつおを器に盛り、水気をきった**1**をのせ、レモンを添える。

なまり節のサラダ

なまり節はかつお節を作る第一段階。しょうがじょうゆで食べたり、酢の物にするのが一般的ですが、おすすめはサラダ。たっぷり食べられます。

材料（2～3人分）

かつお……1節（250g）
塩……小さじ1
トマト（中玉）……2個
青じそ……10枚
レタス……2～3枚
赤玉ねぎ……$\frac{1}{3}$個

［にんにくドレッシング］
おろしにんにく……$\frac{1}{2}$かけ分
しょうゆ、植物油、ごま油、酢……各大さじ1と$\frac{1}{2}$

作り方

1　かつおは半分に切って塩をまぶし、よく蒸気の立った蒸し器で8～10分蒸す。さわってかたくなっていればOK。それぞれラップで包んで冷ます。

2　青じそとレタスは食べやすい大きさにちぎり、冷水に放してパリッとさせる。

3　トマトは8等分のくし形に切り、赤玉ねぎは薄切りにする。

4　にんにくドレッシングの材料を混ぜ合わせる。

5　なまり節の半量を粗くむしり、水気をきった**2**、**3**と器に盛り合わせて**4**をかける。

◆残ったなまり節はラップで包んで冷蔵で4～5日保存できる。

手こねずし

さっぱりして味わい深く、手軽に作れる混ぜずしです。しょうゆとみりんで「づけ」にしたかつおの赤が美しく、おもてなしにも向きます。

材料（4人分）

米……2合

昆布（5cm四方）……1枚

かつお（刺身用。皮なし）……小1節（200g）

A

しょうゆ……大さじ2と1/2

みりん……小さじ2

新しょうが……1/2かけ

みょうが……2個

青じそ……10枚

［合わせ酢］

酢……大さじ2と1/3

砂糖……大さじ1と1/2

塩……小さじ1

いりごま（白）……大さじ1/2

作り方

1 米は炊く30分以上前に洗い、ざるに上げる。

2 炊飯器に米を入れ、すし飯の目盛りに水加減し、昆布を加えて炊く。

3 かつおは6～8㎜厚さに切り、混ぜ合わせた**A**に漬け、ラップを密着させて20分ほど置く。

4 新しょうがは皮をむいて細切りにし、みょうがは縦半分に切ってから斜め薄切りにする。青じそは縦半分に切ってせん切りにし、それぞれ冷水にさらしてパリッとさせる。

5 合わせ酢の材料を瓶などに入れ、振って塩を溶かす。

6 ご飯が炊けたら昆布を除き、飯台やボウルに移して**5**を回しかけ、ぬれ布巾をかけて1分ほどおく。しゃもじで切るように混ぜ、うちわであおいで冷ます。

7 **3**を漬け汁ごと**6**に加え、身を崩さないように混ぜる。器に盛り、水気をきった**4**、いりごまを散らす。

かつおはみりんじょうゆで「づけ」にする。

合わせ酢を回しかけ、切るように混ぜてすし飯を作る。

しらすのピリ辛丼

韓国の野草のピビンパをヒントに釜揚げしらすで作る春の定番。

材料（2人分）
雑穀ご飯……400g
釜揚げしらす……80g
三つ葉……1/4束
せり……1/4束
ルッコラ……適量
［たれ］
おろしにんにく……小さじ1
すりごま（白）……小さじ2
コチュジャン、酢
……各大さじ1
はちみつ……大さじ1/2
ごま油……大さじ3

作り方
1 三つ葉、せり、ルッコラは3cm長さに切る。
2 たれの材料は混ぜ合わせる。
3 器にご飯をよそい、**1**、しらすをのせて**2**とごま油をかけ、混ぜて食べる。

辛くて甘酸っぱいたれ（チョコチュジャン）をかけて混ぜる。

夏の旬

梅

初夏は梅の漬け込みシーズン。みずみずしい青梅で

青梅
関東でよく見られる「白加賀」

黄梅
和歌山県産「南高梅」

選び方

梅酒や調味料作りには青梅を使う。実がかたくて鮮やかな緑色のもの、キズや傷みのないものを選ぶ。梅干しなどに使う黄梅は、木成りで熟したものを選ぶ。追熟で黄色くなったものは、香りが弱い。

梅酒や梅シロップ、黄色く色づき始めたら梅干し、甘い香りを放つやわらかい完熟梅は梅ジャムに……と、梅仕事はこの時季にしかできない楽しみです。何かを作ってみたいけれど、手間がかかるのはちょっと、という初心者におすすめは、青梅を使った調味料と梅酒。みそやしょうゆ、お酒に漬け込むだけの手軽さです。梅に含まれるクエン酸は、疲労回復に効果があると言われています。夏バテ対策にも梅レシピを積極的に取り入れてみてください。

下ごしらえ

1

梅を水に浸け、2〜3個ずつ転がすようにして洗い、水を替え1時間ほど浸けてアク抜きをする。

2

なり口についているヘタを竹串ではずす。

3

キッチンペーパーで水気をふき取る。水分が残っていると傷みやすくなる。

保存

青梅でも常温で2〜3日おくと黄色く追熟してしまうので、すぐ使うのが原則。1〜2日なら冷蔵し、それ以上おくのなら、下ごしらえをしてから冷凍する。冷凍したものは、そのまま使えばよい。黄梅は即日使い、保存する場合は冷凍。

梅はちみつみそ

梅の風味が爽やかな甘酸っぱいみそです。梅酒ではねたキズ梅でも大丈夫。野菜につけたり、ソテーした豆腐や魚に塗るのも美味。時間がたつと酸味が強くなってきます。

材料（作りやすい分量）

青梅……500g
みそ……500g
はちみつ……200g

作り方

1 下ごしらえした青梅（傷んだ部分は削ぎ切る）を冷凍用保存袋に入れ、一晩冷凍する。

2 みそとはちみつを加えて常温で4～5日置き、ときどきもんでエキスを出やすくする。

3 冷蔵庫に移して、10日後くらいから使える。

冷凍すると細胞が壊れて梅のエキスが出やすくなる。

みそとはちみつを加え、もんで混ぜ合わせる。

しばらく常温においた後、冷蔵で半年ほど保存できる。

パプリカのみそ酢豚風

梅はちみつみそをベースに味つけすると、酢豚風のおいしさに。肉にまぶした片栗粉でちょうどよいとろみがつきます。

材料（2〜3人分）

豚こま切れ肉……200g
塩、こしょう……各少々
片栗粉……小さじ2
パプリカ（赤、黄）……各1/3個
みょうが……2個

A
梅はちみつみそ（P.104）……大さじ2
酒……大さじ2
みりん……大さじ1/2
塩……少々

ごま油……大さじ1

作り方

1 豚肉は塩、こしょうを振り、一口大に丸めて片栗粉をまぶす。

2 パプリカは乱切りにし、みょうがは縦半分に切る。

3 フライパンにごま油を熱して**1**を転がしながら炒める。焼き色がついたら**2**を加えて炒め合わせ、混ぜ合わせた**A**をからめる。

梅酒

毎年楽しみにしている梅酒作り。
3つの材料を合わせるだけで、後は時間がおいしくしてくれます。

材料（作りやすい分量）
青梅……1kg
氷砂糖……500g
ホワイトリカー（35度）
……1・8ℓ

作り方

1 清潔な保存瓶（容量4ℓ以上）にリカー少量（分量外）を入れ、ふたをして全体に行き渡らせたら捨てる。

2 下ごしらえした青梅、氷砂糖、リカーの順に入れてふたを閉める。

3 砂糖が溶けるまではときどき揺すり、冷暗所に3か月以上おく。

◆梅は入れたままでもいいが、取り出すなら1年たってエキスが浸出した後に。

少量のリカーを瓶に入れ、全体に行き渡らせて消毒する。

青梅と氷砂糖を入れ、リカーを注ぐ。

鶏手羽元の梅酒煮

梅酒がとろみや照りになって、大変おいしく煮上がります。
子どもが食べるなら、梅酒を加えたときに
煮立たせてアルコール分をとばします。

材料（2〜3人分）

鶏手羽元……8〜10本（500g）
塩、こしょう……各適量

A
梅酒（P.108）……1/2カップ
水……大さじ4
しょうゆ……大さじ2

梅酒の梅の実……3〜4個
植物油……大さじ1/2

作り方

1 手羽元は強めに塩、こしょうを振る。梅の実は十文字にぐるりと切り目を入れて種を取る。

2 フライパンに植物油を入れて中火で熱し、**1**の手羽元を並べて全体に焼き色をつける。

3 混ぜ合わせた**A**、**1**の梅の実を加え、ふたをして火を弱め、5分ほど煮て手羽元を裏返し、さらに5分煮る。

4 ふたを取って中火にし、煮汁にとろみがつくまで煮詰める。

梅酒の実ジャム

梅酒から取り出した実はジャムにすると3か月は保存が利き、料理にも使いやすくなります。クリームチーズと一緒に黒パンに塗るとよく合います。

材料(作りやすい分量)

梅酒の梅の実(P.108)……500g

グラニュー糖……100g(実の重量の20%)

レモン汁……大さじ1

作り方

1 梅の実はたっぷりの水からゆで始めて2回ゆでこぼし、ざるに上げて水気をきる。

2 鍋に入れて木べらでつぶし、グラニュー糖、レモン汁を加えて弱火で5分煮る。

3 種を除き、熱いうちに清潔な保存瓶に詰める。

2回ゆでこぼしてアルコール分を抜く。

種は口寂しいときの飴代わりにどうぞ。

ポークソテー 梅ソース

梅酒の実ジャムと豚肉は相性ぴったり。ロース肉をカリッと焼いて梅ソースをかけると、初夏らしい一品になります。

材料（2人分）

豚ロース肉（とんかつ用）……2枚
塩、粗びき黒こしょう……各適量
A
- 梅酒の実ジャム（P.112）……大さじ4
- 白ワイン……大さじ2

ベビーリーフ……適量
オリーブ油……大さじ1

作り方

1 豚肉は筋を切り、やや強めに塩、黒こしょうを振る。

2 フライパンにオリーブ油を中火で熱し、**1**の両面を焼いて火を通し、ベビーリーフとともに器に盛る。

3 フライパンに残った焼き汁に、**A**、塩少々を混ぜ、**2**の豚肉にかける。

らっきょう

初夏の一時期に現れ、さっと姿を消すらっきょうは、見かけたら即購入！　がおすすめです。ただし、生命力旺盛ですぐ芽が出てしまうので、できるだけ速やかに下ごしらえ～漬け込みをしてください。らっきょう漬けは、一般的に塩漬けしてから甘酢などに漬け直しますが、ここで紹介するのはどれも直漬け。すぐ食べられて、カリカリ感も長持

ちします。そのまま食べるだけでなく、薬味的に料理に加えると、メリハリの効いたおいしさになります。加熱すると食感がホックリして、これもまた美味です。

選び方

ふっくらした形で芽が伸びていないもの、つやと張りがあるものを選ぶ。薄皮がむけていたり、キズや傷みがあるものは避ける。

保存

すぐ漬けないときは泥つきのまま紙に包み、冷蔵庫の野菜室に入れる。5～6日は保存できるが、芽が出る前に使う。

下ごしらえ

1

ボウルに水を張り、らっきょうをひとつかみずつ入れ、粒をほぐして洗う。

2

水気をきって盆ざるに広げ、乾くまで2～3時間陰干しするか室内で乾かす。

3

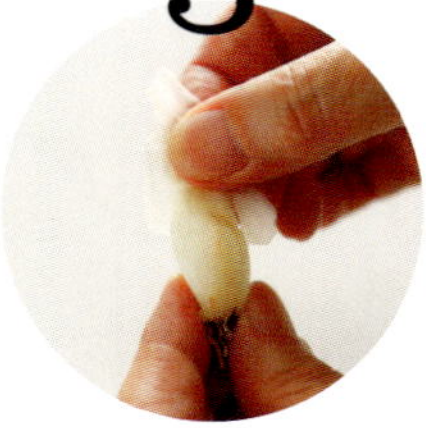

1粒ずつ薄皮をむく。キズのあるものは白くなめらかになるまで皮をむく。

4

根をギリギリで切る。切りすぎると漬け汁がしみてカリカリ感が損なわれる。

甘酢らっきょう

酒のつまみ、カレーの薬味に、あるとうれしい甘酢らっきょう。漬けて約2週間で食べられますが、まろやかな味になるのは1か月後から。

材料（作りやすい分量）
らっきょう……1kg
A
砂糖……100g
塩……10g
酢……2カップ
水……1カップ
赤唐辛子……1～2本

作り方
1 下ごしらえしたらっきょうを清潔な保存瓶に入れる。
2 鍋にAを入れて煮立て、塩が溶けたら熱いうちに1に注ぐ。
3 冷めたらふたをし、冷暗所に置く。

保存の注意点
らっきょうが浮いている間は、ときどき揺すって漬け汁に浸す。1週間くらいは発酵が進みやすいため、ときどきふたを開けてプシュッと空気を抜く。
◆常温で半年ほど保存できる。

煮立てた熱い漬け汁を注いだら、完全に冷めてからふたをする。

黒らっきょう

鹿児島の農家さんに習った、黒糖と酢だけで漬けるらっきょう。
まろやかな甘みでコクがあり、お茶うけにもなります。

材料（作りやすい分量）

らっきょう……500g
黒糖……100g
酢……2カップ

作り方

1　下ごしらえしたらっきょうを清潔な保存瓶に入れ、黒糖と酢を加えてふたをする。

2　冷暗所に置き、1週間くらいはときどき空気を抜く。2週間たったら食べられる。

◆保存の注意点は甘酢らっきょう（P.119）を参照。
◆常温で半年ほど保存できる。

黒糖はブロック状でも粉でもどちらでもよい。国産の純黒砂糖がおすすめ。

塩らっきょう

濃い塩水で漬けてから塩抜きして食べる従来の漬け方ではなく、そのまま食べられる直漬けです。サクッとした歯触りが長く楽しめます。

材料（作りやすい分量）
らっきょう……1kg
塩……80g
水……4カップ

作り方
1 下ごしらえしたらっきょうを清潔な保存瓶に入れる。
2 鍋に塩と分量の水を入れて煮立て、塩を溶かす。
3 熱いうちに**1**に注ぐ。冷めたらふたをし、冷暗所に置く。1週間後からおいしく食べられる。

◆保存の注意点は甘酢らっきょう（P.119）を参照。塩漬けは特に発酵が進みやすいのでこまめに空気を抜く。
◆発酵しすぎて漬け汁があふれるときは、ボウルなどにいったん取り出して保存瓶をきれいにし、らっきょうを戻し、煮汁を再加熱して注ぐ。
◆常温で半年ほど保存できる。

あじとらっきょうのたたき

塩らっきょうが入ると、あじのたたきがパンチの効いたおいしさに変わります。

材料（2〜3人分）

あじの刺身……2尾分
塩らっきょう（P.122）……4〜5個
青じそ……5枚
小ねぎ……1本
いりごま（金）……小さじ1
わさびじょうゆ（または梅じょうゆP.208）……適量

作り方

1 あじは斜め細切りにし、らっきょうは縦に薄切りにする。

2 青じそは縦半分に切ってからせん切りにし、水にさらし、水気をきる。小ねぎは斜め細切りにする。

3 あじとらっきょうを混ぜて包丁で軽くたたき合わせ、ボウルに移して**2**を混ぜる。

4 器に盛って、いりごまを指でひねりながら散らし、わさびじょうゆにつけて食べる。

らっきょうのかき揚げ

酒のつまみに最適！　衣のカリカリ、らっきょうのシャキシャキ。食感の違いもおいしさを演出。

材料（2～3人分）

塩らっきょう（P.122）……20個
赤唐辛子……2本
天ぷら粉……1カップ
冷水……3/4カップ
薄力粉、揚げ油……各適量

作り方

1　らっきょうは汁気を取り、赤唐辛子は種を除いて小口切りにし、ボウルに入れて薄力粉を薄くまぶす。

2　別のボウルに冷水を入れて天ぷら粉を加え、さっくり混ぜる。

3　揚げ油を170℃に熱し、**1**に**2**の衣を加えて混ぜ、大きめのスプーンですくって滑らせるように揚げ油に落とす。

4　浮いてきたら裏返し、カリッと揚げる。

らっきょう入りチャンプルー

一度食べると、塩らっきょうなしのチャンプルーが物足りなく感じてしまうほど。ご飯にも酒にも合います。

材料（2～3人分）

塩らっきょう（P.122）……6～8個
豚こま切れ肉……100g
ゴーヤー……1/3本
にんじん……3cm
にら……1/4束
溶き卵……1個分
A
酒……大さじ1
塩……小さじ1/3
こしょう……少々
塩……少々
削り節……適量
植物油……大さじ1

作り方

1 らっきょうは縦半分に切り、豚肉は3～4cm幅に切る。

2 ゴーヤーは縦半分に切ってワタと種をかき出し、薄切りにして塩もみし、水気を絞る。にんじんは短冊切りにする。

3 にらは4～5cm長さに切る。

4 フライパンに油を熱して豚肉を炒め、**2**、らっきょうを加えて手早く炒め合わせる。最後ににらを加えて**A**で調味し、溶き卵を回し入れて大きく混ぜる。

5 器に盛り、削り節をのせる。

実山椒

みざんしょう

山椒は日本料理に欠かせない、素晴らしい香辛野菜です。単に木の芽と言えば山椒の若芽を指し、つぼみ

は花山椒、未熟な実は実山椒または青山椒と呼ばれ、熟した実の外皮をひけば粉山椒、枝さえもすりこ木として日本料理に貢献しています。ちりめん山椒でおなじみの青い実山椒が出回るのは、六、七月。魚や昆布の煮物に加えたり、しょうゆ漬けにして調味に使えば、ピリッとした辛みとシャープな香りが料理を風味豊かにしてくれます。ただし、実から軸を取るのはかなり根気のいる作業。実山椒を愛する気持ちが試される修行とも言えます。

下ごしらえ

1

丁寧に1粒ずつ軸を取り、洗う。眉ばさみで切ってもよい。

2

鍋に湯1ℓを沸かして塩大さじ1/2を加え、**1**を入れて30秒ほどゆで、ざるに上げて流水で冷ます。

3

水を張ったボウルに入れ数回水を替えながら、2〜6時間さらしてアクと辛みを適度に抜く。実山椒によって辛みが違うため、味見をして確認する。

選び方

淡い緑色で粒がそろい、枝が変色していないものを選ぶ。実が房になる、ぶどう山椒という品種もある。

保存

冷凍用保存袋に入れて1年ほど冷凍できる。下ごしらえしておけば、すぐ使えて便利。

いわしの山椒煮

山椒をピリリと効かせ、
2種類のしょうゆで
こっくり煮つけたいわしは、
ご飯が進んで困るほどのおいしさ。
いわしの皮がむけないように
昆布を敷いて煮ます。

材料（作りやすい分量）
実山椒（下ごしらえしたもの）
……大さじ3
真いわし……5尾
塩……適量
しょうが（せん切り）……1/2かけ分
昆布（7～8cm四方。水で戻す）……1枚

A
酒……1/2カップ
酢……大さじ1
水……1カップ

B
みりん……大さじ2
砂糖……大さじ1と1/2

C
しょうゆ
……大さじ1と1/2
たまりじょうゆ
……大さじ1

作り方

1 いわしはうろこを取り、頭と尾を落として3cm長さの筒切りにする。海水くらいの塩水（塩水濃度約3％）に10分ほど浸けてから箸で内臓を押し出して除き、水洗いする。

2 フライパンに昆布を敷いていわしをのせ、実山椒としょうがを散らし**A**を注ぐ。中火にかけ、煮立ったら**B**を加え、落としぶたをして弱火で5～6分煮る。

3 **C**を加え、煮汁がほとんどなくなるまで煮る。

小いかといんげんの山椒煮

いかは煮すぎるとかたくなるので、煮汁で山椒を煮て風味を出してから、いかを加えてさっと火を通します。

材料（2〜3人分）

実山椒（下ごしらえしたもの）……大さじ1/2

小いか（ひいいか、赤いか、めといかなど）……300g

さやいんげん……5〜6本

A
- 水……1/4カップ
- しょうゆ……大さじ3
- 酒、みりん……各大さじ1
- 砂糖……大さじ1/2

作り方

1　いかは足を内臓ごと抜き、軟骨をはずす。目の下で足を切って内臓を除き、足を胴に詰める。

2　さやいんげんは両端を切り落とし、5〜6cm長さに切る。

3　フライパンに**A**、実山椒、**2**を入れて煮立て、中火で2〜3分煮る。

4　**3**に**1**を加え、煮汁をかけながらさらに2〜3分煮る。

山椒昆布

だしを取った後の昆布を冷凍しておき、たまったら山椒煮に。最初に酢水で煮て昆布をやわらかくするのがコツです。

材料(作りやすい分量)

実山椒(下ごしらえしたもの)……大さじ1と1/2

昆布(だしを取ったもの。冷凍)……200g

酢……大さじ2

A
- しょうゆ……大さじ2と2/3
- みりん……大さじ4
- 酒……大さじ1と1/3
- 砂糖……大さじ2と1/2

作り方

1 昆布は自然解凍し、3cm角に切る。

2 鍋に昆布を入れて、酢を加え、水をひたひたに注ぎ、ふたをして弱めの中火で15分ほど煮る。

3 実山椒と**A**を加え、落としぶたとふたをし、弱火で20~30分、途中で1回上下を返して煮る。

4 ふたと落としぶたを取り、中火にして汁気を飛ばす。

◆昆布は、普段からだしを取るたびに冷凍用保存袋に入れて冷凍しておくとよい。

◆乾物の昆布を使う場合は、50gを縦長に2×3cmに切り(吸水すると横方向に大きくなる)、酢大さじ3、酒大さじ2、水1カップに一晩浸してから使う。

ちりめん山椒

市販のものよりしっとりした仕上がりで山椒は多めです。パラパラがお好みなら、ざるに広げて陰干ししてから保存してください。

材料（作りやすい分量）

実山椒（下ごしらえしたもの）……大さじ2

ちりめんじゃこ……100g

A
- 酒……1/2カップ
- みりん……大さじ2と1/2
- しょうゆ……大さじ1

作り方

1 鍋に**A**を入れて火にかけ、煮立ててアルコール分を飛ばす。

2 ちりめんじゃこを加えて木べらで混ぜ、鍋肌にじゃこがつかないように弱火でいり煮にする。

3 汁気が少なくなったら実山椒を加え、5分ほど煮て汁気を飛ばし、バットに広げて冷ます。

◆保存容器に入れて冷蔵で1週間、冷凍で2〜3か月保存できる。

実山椒のしょうゆ漬け

しょうゆに実山椒を漬けておくと、炒めものや煮ものに一年中使えます。特に脂の強い肉や魚とよく合います。

材料（作りやすい分量）

実山椒（下ごしらえしたもの）……50g
うす口しょうゆ……3/4カップ
みりん……1/4カップ

作り方

1 実山椒はエキスが出やすいように一晩冷凍する。

2 清潔な保存瓶に**1**を入れ、しょうゆ、みりんを注ぐ。

3 冷暗所に置き、2週間ほどして山椒の風味が出たら使える。

◆冷蔵庫に移し、しょうゆを継ぎ足しながら約1年保存できる。

れんこんと豚バラのいり煮

豚バラから出た脂でれんこんを香ばしく炒めたら、油分をふいてから調味料を入れてからめます。

材料（2～3人分）

れんこん……150g
豚バラ肉（薄切り）……100g
A
酒……大さじ2と1/2
みりん……大さじ2と1/2
実山椒のしょうゆ漬けの汁（P.140）……大さじ1と1/2
実山椒のしょうゆ漬けの実（P.140）……小さじ2
植物油……大さじ1/2
七味唐辛子……適宜

作り方

1 れんこんは皮をむき、5～6mm厚さの半月切りにして水にさらす。
2 豚バラ肉は4～5cm幅に切り、脂身と平行に2cm幅に切る。
3 フライパンに油を入れて強火で熱し、豚肉を炒める。色が変わったら、水気をきったれんこんを加えて炒める。
4 れんこんが半透明になったら、脂をキッチンペーパーでぬぐってAを加え、汁気がなくなるまでいりつける。
5 器に盛り、好みで七味唐辛子を振る。

水なす

水なすは大阪南部、泉州地域特産の伝統野菜です。強く握ると水が滴るほどみずみずしく、食感はサクッとしてジューシー、アクが

少なくて生で食べられます。皮が薄くて傷つきやすいため、ずっと地元だけで食べられていました。それが全国的に知られるようになったのは、浅漬けの通販がきっかけ。その後、初夏に生の水なすが出回るようになり、水なすを改良した生食できる品種も増えています。なすは金気にふれるとアクが回るので、お尻に少し切り目を入れて手で裂きます。こうすると調味料がなじみやすくなります。

下ごしらえ

1

ガクを削るようにヘタを切り落とす。

2

お尻（太い方）に4〜6等分の切り目を入れて手で裂く。

選び方

胴が張り、皮の色が深くてつやがあり、ヘタのトゲが立っているものを選ぶ。

保存

紙に包んで常温で1〜2日を目安に保存する。冷蔵すると、低温障害で種が黒くなる。

水なすのカルパッチョ風

水なすの薄切りは、パリッ&しっとりの不思議な食感。オリーブの塩気が味のアクセントです。

材料（2～3人分）

水なす……1本（200g）
カッテージチーズ……100g
グリーンオリーブ（種抜き）……10粒
バジルの葉先……1枝
塩、黒粒こしょう、オリーブ油……各適量

作り方

1 水なすは横に薄切りにし、オリーブは粗く刻む。

2 **1**の水なすを器に盛って塩を振り、カッテージチーズ、オリーブを散らす。

3 黒粒こしょうをひきかけてオリーブ油をかけ、バジルを飾る。

水なすの塩麹《こうじ》漬け

水なすをかじると、口中に水分が弾けて爽快です。

材料（作りやすい分量）
水なす……１本（２００ｇ）
みょうが……３本
青じそ……４～５枚
塩麹……大さじ２（野菜の15％が目安）

作り方

1　水なすは下ごしらえして、みょうがは縦４等分に切る。青じそは２～３㎝四方にちぎる。

2　**1**をポリ袋に入れて塩麹を加えてもむ。冷蔵庫に入れ、５～６時間後から食べられる。

水なすのしょうがオイル

水なすにしょうがと粉山椒をのせて、熱したごま油をジュッとかけると、食欲をそそられること請け合い！

材料（作りやすい分量）

水なす……1本（200g）
しょうが（みじん切り）……大さじ2
小ねぎ（小口切り）……1本分
ごま油……大さじ2
粉山椒、しょうゆ……各適量

作り方

1 水なすは下ごしらえして裂いて器に盛る。

2 しょうがと小ねぎを**1**にのせ、粉山椒を振る。

3 小さなフライパンでごま油を煙が出るまで熱し、**2**にかけ、しょうゆを回しかける。

冬瓜

旬は夏ですが、丸のままなら冬まで貯蔵できることから冬瓜と呼ばれます。昔

ながらの冬瓜は長さが40㎝以上あって重さは10kg超え。家庭では扱いきれないことから、品種改良した2kg程度の小冬瓜やもっと小さなミニ冬瓜が作られ、ファンを増やしています。95%が水分で味わいは淡泊そのもの。煮るととろっとやわらかく、煮汁を含んで大変おいしくなります。定番の煮物やスープ煮のほか、生でサラダにすると新しいおいしさに出会えます。漢方ではむくみを取るとされるので、水分のとりすぎによる夏バテにおすすめです。

下ごしらえ

1

冬瓜は八つ割りにして立てて置き、ワタと種を切り落とす。

2

皮は厚めにむく。煮物などで緑色に仕上げたい場合は、薄くむいて、淡い緑色の部分を残す。

選び方

皮の緑が濃くて模様がはっきりしているもの、ワタと種が隙間なく詰まっているものを選ぶ。洗って出荷されているのでわからないが、本来表皮には毛が密生し、完熟すると白い粉がふく。

保存

カットされた冬瓜は切り口から傷みやすい。ラップをかけ、冷蔵で4～5日を目安に保存する。

冬瓜と車えびの冷やし鉢

下ゆでした冬瓜を浸し汁で一晩冷やすと、何とも涼やかな口当たり。冬瓜の緑、えびの赤が冴えます。

材料（2人分）

冬瓜（7cm角に切ったもの）……2切れ

［冬瓜浸し汁］

だし……2カップ
干しえび……5～6g
酒、みりん……各小さじ2
塩……小さじ$\frac{2}{3}$
うす口しょうゆ……少々

車えび……4尾

［車えび煮汁］

酒……大さじ3
みりん……大さじ1
塩……小さじ$\frac{1}{8}$
うす口しょうゆ……少々
しょうが（薄切り）……2枚

針しょうが……適量
塩、重曹……各適量

作り方

1 冬瓜はワタと種を切り落とし、皮を薄くむく。皮面に細かくかの子包丁（斜め格子状）を深めに入れる。

2 塩に重曹ごく少量を混ぜたものを、**1**の皮面のみにすりつける。濃いめに塩を加えて沸騰させた湯にそのまま入れ、弱めの中火で20分ほどかけてやわらかくなるまで火を通す。

3 ボウルに張った塩水に氷を加えて冷やし、**2**を入れて冷やす。

4 浸し汁の材料を合わせてひと煮立ちさせ、氷水に当てて冷やす。**3**の冬瓜の汁気をきって浸し、厚手のキッチンペーパーなどで表面が汁から出ないようにして冷蔵庫で半日から一晩おいて味を含ませる。

5 車えびは頭を取って背ワタを抜く。煮汁の材料を小鍋に合わせて煮立て、えびを加えて色が変わったら裏返し、弱火にして火を通す。そのまま汁に浸して冷まし、粗熱が取れたら氷水に当てて冷やす。殻をむく。

6 冬瓜とえびを器に盛り、冬瓜の浸し汁をかけて針しょうがをのせる。

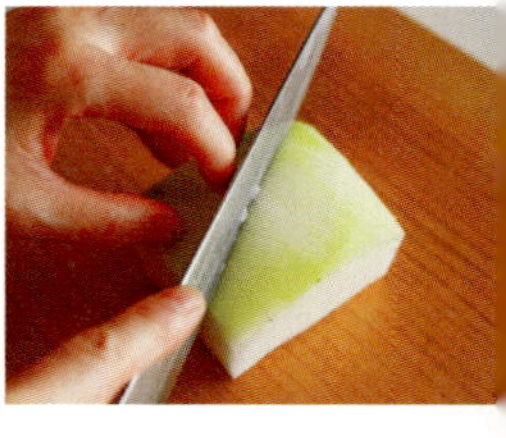

皮側は実よりもずっとかたいので、食べやすいよう隠し包丁を入れる。

色よく仕上げるために、下ゆでした冬瓜を浸し汁に浸して味を含ませる。

冬瓜の葛《くず》ひき汁

粗く突き崩した冬瓜のざっくりしたのど越しが心地よい、冷たいおつゆです。

材料（2〜3人分）

冬瓜……200g

A 水……2と1/2カップ
鶏がらスープの素……小さじ2

B しょうゆ……小さじ2
塩……小さじ1/4

葛……大さじ2

しょうが（せん切り）……少々

作り方

1 冬瓜は下ごしらえし、繊維を断つように薄切りにする。

2 鍋に、冬瓜、**A**を入れて強火にかける。煮立ったら火を弱めてアクを取り、やわらかくなるまで中火で10分ほど煮る。

3 木べらなどで冬瓜を崩し、**B**で味を調え、水大さじ2で溶いた葛で薄くとろみをつける。

4 粗熱が取れたら冷やし、器に盛ってしょうがをのせる。

冬瓜が煮えたら、木べらか泡立て器でトントン突いて崩す。

冬瓜とザーサイのサラダ

生で食べるおいしさを知ると、冬瓜がぐっと身近になるはず。水にさらすと青臭さが抜けます。

材料（2～3人分）

冬瓜……250g
ザーサイ……30g
ミニトマト……3～4個
［ごまドレッシング］
すり白ごま、酢
……各大さじ2
しょうゆ……大さじ1
みりん……大さじ1/2
おろししょうが……少々
ごま油……大さじ1
香菜（あれば）……少々

作り方

1 冬瓜は下ごしらえし、細切りにして5分ほど水にさらす。

2 ザーサイは粗みじん切りにし、水で洗って絞る。ミニトマトは縦4等分に切る。

3 ボウルにドレッシングの材料を合わせ、水気をきった**1**、**2**を和え、器に盛って香菜をあしらう。

冬瓜と豚スペアリブのスープ煮

スペアリブのだしがしみた冬瓜が絶品の中国の煮物。最後に加えるクレソンが味を引き締めます。

材料（2〜3人分）

冬瓜……350g
豚スペアリブ（7〜8cm長さ）……300g
クレソン……1〜2束

A
長ねぎの青い部分……1本分
しょうが（薄切り）……3枚
紹興酒……大さじ2
水……カップ4

塩……小さじ1
ごま油……小さじ1/2

作り方

1 スペアリブはたっぷりの湯でゆでこぼし、水で洗う。

2 鍋に**A**、スペアリブを入れて強火にかけ、煮立ったら弱火にし、紙ぶたをして30〜40分煮る。

3 その間に冬瓜の下ごしらえし、3cm厚さに切る。

4 冬瓜を**2**に加えて再び紙ぶたをし、弱火で20分ほど煮る。長ねぎとしょうがを取り除き、クレソンを加えてさっと煮て、塩、ごま油で味を調える。

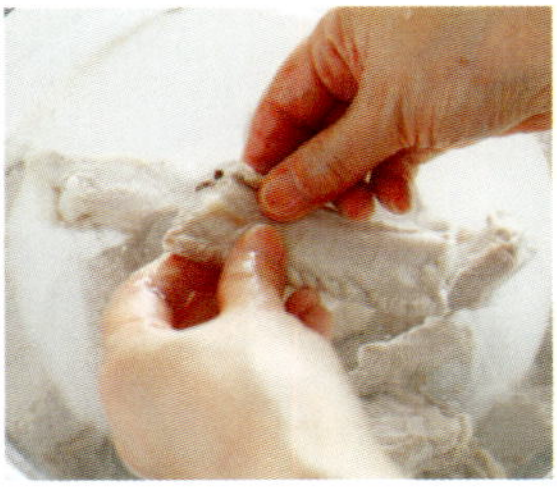
スペアリブはゆでこぼし、余分な脂を洗い流す。

スペアリブを脇に寄せ、冬瓜を皮目を下にして加える。

とうもろこし

夏は朝食にとうもろこしを一本食べることがあります。焼くと香ばしく、蒸せ

ば飛び切り甘く、ゆでるとジューシー。かぶりつくと粒が弾けて甘い汁がほとばしり、これぞ夏の味わいです。とうもろこしは畑で手折ったときから、甘みも栄養も急速に減少するそうです。それを遅らせるために暗いうちに収穫してすぐ予冷し、保冷車で配送されます。そこまでして守られた甘みと栄養ですから、逃さず食べて欲しいと思います。ご飯に炊き込むときは芯も一緒に。香りがよくなり、芯に残った胚乳の栄養もいただけます。

下ごしらえ

皮をむき、ひげを取り除く。

選び方

ひげにつやがあり、先が黒褐色なら完熟品。ひげの数だけ粒があるので、ひげが多いものがよい。先まで粒が詰まり、重いものを選ぶ。

保存

紙に包んで冷蔵庫の野菜室で立てて保存する。できれば、購入したその日に加熱する。

コーンポタージュのムース仕立て

口に含むとふわっと溶ける、濃厚な冷製ポタージュ。夏のおもてなしにぜひ。

材料（約2カップ分）

とうもろこし……1本
牛乳……1/2カップ
A
　粉ゼラチン……3g
　洋風スープの素（顆粒）……小さじ1
　水……1/2カップ
生クリーム……1/4カップ
塩……適量
バジル、オリーブ油……各適量

作り方

1　とうもろこしは皮を3～4枚残してむいてひげを取り除き、蒸気の立った蒸し器で5～6分蒸す。冷めてから残した皮をむき、長さを半分に切って、包丁で粒を削ぎ落とす。

2　ミキサーかフードプロセッサーに、**1**、牛乳を入れてなめらかになるまで撹拌し、ざるでこす。

3　耐熱容器に**A**を入れ、電子レンジに1分10秒かけてゼラチンを溶かし、**2**に少しずつ加えて混ぜる。

4　生クリームを八分立てにし、数回に分けて**3**に混ぜ、塩で味を調える。

5　器に流して冷蔵庫で冷やす。食べるときにバジルをあしらい、オリーブ油をかける。

もろこしご飯

ご飯の半分くらいがとうもろこし！
黒こしょうを振ると、とうもろこしの香りと甘みが引き立ちます。

材料（3～4人分）
とうもろこし……1本
米……2合
塩……小さじ1と$\frac{1}{4}$
酒……大さじ1
黒粒こしょう（粗く刻む）……少々

作り方
1 米は洗って、水気をきる。
2 とうもろこしは長さを半分に切り、包丁で粒を削ぎ落とす。
3 炊飯器に米を入れて塩と酒を加え、普通に水加減して軽く混ぜ、**2**の粒と芯を加えて炊く。
4 炊けたら芯を除き、さっくり混ぜて茶碗によそい、黒粒こしょうを散らす。

芯を加えると香りがよく、胚乳の脂肪分でパラッとした炊き上がりになる。

じゅん菜

じゅん菜は目で見て、食べて涼しさを感じる珍しい食材。もとは池や沼に自生していた水草ですが、現在

は主に秋田県で栽培されています。若芽や花芽、クルッと巻いた若葉が透明な粘液におおわれ、ツルンとしたのど越しが涼を感じさせます。生のじゅん菜が手に入るのは、五～七月の収穫期だけ。水に浸したパック詰めを取り寄せ、吸い物やみそ汁に浮かべたり、和え物にしたり、夏の風物詩を堪能します。秋田ではきりたんぽ鍋にも入れるとか。通年市販されているじゅん菜の瓶詰めは、ゆでてから酢に漬けてあるため、生とは味も食感も異なります。

下ごしらえ

1

じゅん菜をざるに入れ、水に浸けて軽く洗う。

2

湯を沸かしてざるごと浸け、緑色が深くなったら引き上げて冷水にさらす。

選び方

出始めのごく小さな若芽は料亭が使う高級品なので、七月頃のサイズ無選別が家庭向き。百貨店でも扱っていることがある。

保存

包装のまま冷蔵し、1週間ほど保存できる。

じゅん菜のしょうが酢

初物は迷わずシンプルな酢の物にします。
合わせ酢の中でツルッ、プチッと弾ける食感が楽しい。

材料（2〜3人分）
じゅん菜……100g
［合わせ酢］
だし……大さじ2
酢……大さじ1
うす口しょうゆ……小さじ1
みりん……小さじ1
おろししょうが……少々

作り方
1 じゅん菜は下ごしらえして水気をきり、冷やす。
2 合わせ酢の材料は混ぜ合わせる。
3 器に**1**を盛って**2**をかけ、おろししょうがをのせる。

冷やし茶碗蒸しのじゅん菜あん

じゅん菜の自然なとろみを生かした、冷たいあんかけ。
卵のなめらかさとあいまって、のどに滑り落ちます。

材料（約110mℓ容量の器4個分）

じゅん菜……50g
卵……2個
A
だし……1と1/2カップ
塩……小さじ1/3
酒……大さじ2/3
B
しょうゆ……大さじ1/2
みりん……小さじ1

作り方

1　ボウルに卵を割り入れ、白身を切るように溶き、**A**を加えてこし器でこす。
2　耐熱の器に**1**を静かに注ぐ。
3　よく蒸気の立っている蒸し器に入れ、強火で1〜2分、弱火にして20〜25分蒸す。粗熱が取れたら冷蔵庫で冷やす。
4　じゅん菜は下ごしらえし、**B**を混ぜて**3**にかける。

いちじく

漢字で無花果と書きますが、私たちが食べているのは実ではなく、中にある無

数の赤い粒々がじつは花なのです。いちじくは見えないところで花を咲かせる、不思議な果物。冬を越えて実を結んだ夏果が七月中旬に出始め、その後も春に植えたハウスや露地栽培物の秋果が十月まで続きます。旬がこんなに長いのもいちじくの特徴。ワイン煮やコンポート、ジャムにするのは当たり前ですが、日本料理では昔からいちじくを天ぷらやごま和えにします。果物なのに料理に使われるのも、いちじくならでは。

皮のむき方

ヘタのほうから包丁や手で皮をむく。コンポート用の未熟ないちじくは皮をむきづらいので、トマトと同様に湯むきする。

選び方

皮に張りと弾力があり、ふっくらしたものを選ぶ。全体が赤くなり、お尻が割れると完熟している。

保存

未熟なものは室温に置いて追熟させる。熟すと日持ちしないので早く食べること。

いちじくの白和えソース

いちじくの白和えは昔からある料理ですが、衣にマヨネーズとオリーブ油を加えて現代風に。

材料（2人分）

いちじく……2個
木綿豆腐……1/4丁（75g）
A
練りごま（白）……大さじ2/3
マヨネーズ……大さじ2/3
オリーブ油……大さじ1/2
塩、こしょう……各適量

作り方

1 豆腐は手で崩してゆで、ざるに上げる。いちじくは皮をむいて6～8等分のくし形に切る。

2 豆腐が冷めたらボウルに移し、**A**を加えてよく混ぜる。

3 いちじくを器に盛って**2**を添える。かためのいちじくなら和えてもよい。

豆腐はさっとゆでて余分な水分を抜く。

いちじくとブルーチーズのタルティーヌ

七月の暑い日、ヴィーニョ・ヴェルデ（ポルトガルの微発泡ワイン）とこのタルティーヌがあれば、満足このうえなし。

材料（2～3人分）

いちじく……1/2～2/3個
パン・ド・カンパーニュ（薄切り）……2～3枚
ゴルゴンゾーラチーズ……30g
くるみ……4～5個
はちみつ、黒粒こしょう……各適量

作り方

1 いちじくは皮をむいてくし形に切り、3～4つに切る。パンはくるみとともにオーブントースターで焼き、くるみは割る。

2 パンに、ちぎったチーズ、いちじく、くるみをのせ、チーズが溶けるまでさらに焼く。

3 はちみつをかけ、黒粒こしょうをひきかける。

くるみは香ばしく焼いてから食べやすく割る。

穴子

うなぎが高騰してから、穴子の人気が高くなってきました。脂が軽くてしつこさがなく、家庭でも料理できるサイズ。といってもさばくのは無理なので、活け締めにした生の開きや焼き穴子を買ってきます。旬は脂がのった夏。関東では生を煮穴子や天ぷらにすることが多く、一方関西では焼き穴子でおすしを作ったり、酢の物や茶碗蒸しに入れた

選び方

生の開きは、身が厚くて引き締まり、皮につやがあるものを選ぶ。真穴子は体の側面に白い点線のような斑紋がある。船上で包丁を入れて活け締めにしたものが出回る。

りと料理の幅が広いようです。おすすめは香ばしいたれ焼き。うなぎ屋さんに負けないくらい食欲をそそる香り（煙も！）が漂い、焼き立ての香ばしさは別格です。

下ごしらえ

1

ひれがあれば、尾から頭に向かって切り取る。

2

盆ざるにのせ、バットなどに傾けて置き、皮に熱湯をかける。

3

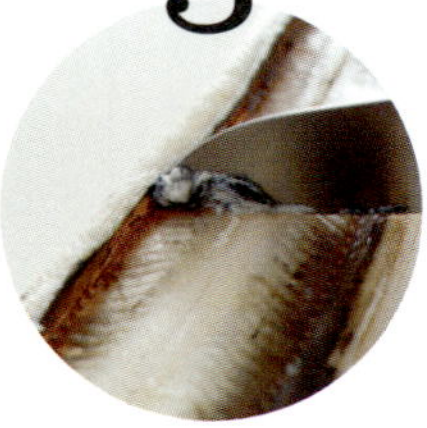

まな板に移し、白く固まったぬめりを尾から頭へと包丁でこそげる。

4

流水の下で皮をたわしでゴシゴシこすり、さらにぬめりを取る。皮がむけて白くなってもよい。

保存

生の開きはキッチンペーパーで包んでポリ袋に入れ、冷蔵庫のチルド室で1〜2日保存できる。

焼き穴子

穴子はコンロに焼き網をのせ、なるべく遠火にして焼きます。滴る脂が煙になって香ばしさをつけてくれるから、魚焼きグリルではダメなのです。

材料（2～3人分）

穴子（生の開き）……2尾

［たれ（作りやすい分量）］

酒、みりん、しょうゆ……各1/2カップ

おろしわさび……少々

作り方

1 たれを作る。鍋に酒とみりんを入れて煮きり（アルコール分を蒸発させる）、しょうゆを加えて中火で煮詰める。1/3量くらいになってとろりとしたら、火から下ろして冷ます。

2 下ごしらえした穴子は長さを半分に切り、十分に熱した焼き網で焼く。まず皮目を弱めの中火で焼き、焼き色がついたら裏返す。身に焼き色がついたら、**1**のたれを皮目に塗って返し、弱火で乾かすように焼き、身にもたれを塗って焼く。

3 食べやすく切って器に盛り、おろしわさびを添える。

◆焼いた穴子の頭があったらたれのしょうゆと一緒に加え、煮詰めてから取り出す。

穴子の頭があれば焼いて加えると、たれにコクと香ばしさが増す。

穴子のうざく風

「うざく」は鰻の蒲焼きときゅうりの酢の物ですが、穴子で作ってもさっぱりしておいしいです。

材料（2人分）

焼き穴子（P.182）……1尾分
きゅうり……2/3本
塩、水……各少々
みょうが……1個
［三杯酢］
うす口しょうゆ……大さじ1/2
酢……大さじ1
砂糖……大さじ1/2
いりごま（金）……少々

作り方

1 きゅうりは薄い輪切りにしてボウルに入れ、塩と水を加えて混ぜ、しんなりしたら水気を軽く絞る。

2 みょうがは縦半分に切ってから縦薄切りにし、水に3分ほどさらして水気をきる。

3 焼き穴子は長さを半分に切り、熱したオーブントースターで軽く温める。縦半分に切ってから、1cm幅に切る。

4 ボウルに三杯酢を作り、**1**～**3**を和え、器に盛って、いりごまを指でひねって散らす。

穴子の白蒸し 蓮《はす》の葉包み

お盆に出回る蓮の葉でもち米と穴子を包んだおこわです。蓮の葉がなければ笹の葉や葉らんにのせて蒸します。

材料（8個分）

焼き穴子（P.182）……1尾分
もち米……1合
［酒塩］
- 酒、水……各 $\frac{1}{4}$ カップ
- 塩……小さじ $\frac{1}{2}$

蓮の葉（生。直径20cmくらい）……8枚

作り方

1 もち米は洗い、一晩浸水させる。

2 蒸し器（または蒸籠）に蒸し布巾を敷き、**1**を広げて真ん中を少しあけ、中火で20分ほど蒸す。

3 ボウルに酒塩の材料を混ぜ、蒸し上がった**2**を入れて混ぜる。

4 焼き穴子は8等分に切る。

5 **3**の粗熱が取れたら、蓮の葉に**3**と**4**を等分にのせて四角く包み、再び中火で10分ほど蒸す。

もち米を蒸すときは、真ん中を開けて蒸気の通り道を作る。

蓮の葉の中央に四角くまとめたもち米を置いて穴子をのせ、両脇を折り重ねる。

下、上と折りたたんで四角くする。

たたんだ面を下にし、蒸し器の中央をあけてぐるりと並べ、10分ほど蒸す。

二段穴子丼

上段は穴子丼として味わい、
下段は薬味とだしで穴子茶漬けにして
食べるお楽しみ丼。お好みで
粉山椒をかけてどうぞ。

材料（2人分）

焼き穴子（P.182）……2尾分
穴子のたれ（あれば）……適量
ご飯……丼2杯分
卵……1個

A 砂糖……小さじ2/3
　塩……ひとつまみ

だし……2カップ

B 塩……小さじ1/2
　酒……大さじ2

［薬味］
小ねぎ（小口切り）……1〜2本分
柴漬け（みじん切り）……20g
おろしわさび、刻みのり……各適量

植物油……適量

作り方

1 卵は溶きほぐして**A**を加え、ざるでこす。熱したフライパンに植物油を薄くひき、卵液の1/2量を流し、縁が乾いてきたら裏返してさっと焼く。残りも同様に焼き、粗熱が取れたら、細切りにする。

2 穴子はそれぞれ長さを半分に切り、尾側は1・5cm幅に切る。熱したオーブントースターで温め、たれがあったら塗る。

3 だしを温め、**B**で調味して器に入れる。薬味も器に盛る。

4 温かいご飯を丼の1/2までよそい、**2**の刻んだ穴子をのせる。さらにご飯を盛り、**1**、残りの穴子をのせ、**3**を添える。

鮎

あゆ

六月初旬、鮎釣り解禁の報を聞くと夏の幕開けです。長良川や紀ノ川などから取り寄せる天然鮎は、体色が

選び方

養殖鮎（左写真上）はたいがい天然鮎（左写真下）に比べて頭が小さい。養殖鮎は身が太って張りがあるものを選ぶ。時間がたったものは腹がぶよぶよしている。天然鮎は全体につやがあって身が締まり、体色がはっきりしているものを選ぶ。

鮮やかで身が締まり、キリッとした面構え。見惚れるほどの美しさです。スーパーの養殖鮎は天然物に比べると大柄でメタボ気味ですが、食べ応えがあって脂ものっています。きゅうりに例えられる鮎独特の香りを味わうなら、天然ものを塩焼きに。素焼きにして適度に脂を落とす料理には養殖ものを、と使い分ければそれぞれの良さが生かせます。やがて九月になれば、卵をもった落ち鮎の季節。一年で二度楽しめる、ありがたい魚です。

下ごしらえ

1

尾から頭に向け、包丁の刃先で軽くこそげてウロコを落とす。稚鮎なら必要ない。

2

腹びれから尾びれへ、腹を軽くしごいて排泄物を出す。

3

水で洗い、水気を拭く。

保存

香りは腸にあるので、鮮度が重要。天然鮎は発泡スチロール箱で氷詰めにし、1日以内に使う。養殖鮎はパックのまま冷蔵庫へ。翌日までに使いきる。

鮎の塩焼き

塩焼きにするなら、香り高くほどよい脂の天然物を。金串を打つと躍動感が出るだけでなく、火の通りがよくなります。

材料（5人分）
鮎……5尾
塩……適量

作り方

1 鮎は下ごしらえして金串を打ち、血や汚れを水で流し、水気を拭く。

2 両面に塩を振り、ひれに化粧塩をつける。

3 熱した魚焼きグリルに入れ、弱火でじっくり両面を焼く。

4 金串を回して抜き、器に盛る。

串打ち

鮎の腹を手前、頭を右にして持ち、口から串を入れる。黄色い斑点のところに串を出し、1cmほど先に刺す。

尾を反らせて持ち、串を中骨にくぐらせて尾びれの近くに出す。

塩をふる

20cmくらい上から塩をまんべんなく振る。

胸びれ、腹びれ、尾にたっぷりめに化粧塩をつける。

鮎ご飯

ふたを取ると鮎と山椒の香りが立ちのぼる、
ごちそうご飯。素焼きにした鮎があれば手軽に作れます。

材料（3～4人分）

鮎の素焼き（P.197）……3～4尾
米……2合

A
水……325㎖
酒……大さじ3
うす口しょうゆ……大さじ1と1/3
みりん……小さじ2
塩……小さじ1/2

実山椒（下ごしらえしたもの。P.131）……大さじ1
酒……大さじ1
山椒の葉（茎を除く）……軽くひとつかみ

鮎ご飯

作り方

1 米は炊く30分以上前に洗い、ざるに上げて水気をきる。

2 土鍋に米を入れて**A**を加え、鮎をのせて実山椒を散らし、ふたをして中火にかける。沸騰したら弱火にして13分ほど炊く。

3 炊き上がったら、酒を振って山椒の葉を散らし、再びふたをして5分蒸らす。

4 鮎の頭と中骨を除いてほぐし、ご飯にさっくり混ぜる。

素焼きにした鮎は脂が落ちているので、臭みが出ない。

炊き上がりに酒と山椒の葉をふって蒸らすと風味が増す。

鮎の素焼き

作り方

1　天板に網をのせてオーブンに入れ、１８０℃に予熱する。

2　下ごしらえした鮎の、盛ったときに下になる側に酢を塗り、網に並べて上段で20分ほど焼く。

3　ざるにのせて２～３時間陰干しするか、冷蔵庫に入れて表面を乾かす。

4　１尾ずつラップに包む。

◆冷蔵なら４～５日、冷凍なら約２週間保存できる。

鮎そうめん

素焼きの鮎を煮て風味を移したかけつゆが飛び切りのおいしさ。薬味をたっぷりのせていただきます。
材料（2人分）

鮎の素焼き（P.197）……2尾
そうめん……2束
しょうが……1/2かけ
みょうが……1個
［かけづゆ］
だし……2と1/2カップ
酒……大さじ3
うす口しょうゆ……大さじ2
みりん……大さじ2
砂糖……小さじ1
塩……ふたつまみ

かぼす（薄い輪切り）……6枚
蓼（あれば）……少々
作り方

1 フライパンにかけづゆの材料を入れて煮立て、鮎を加えて弱火で10分煮る。粗熱が取れたら、鍋底を氷水に当てて冷やす。

2 しょうがはせん切り、みょうがは縦半分に切って斜め薄切りにし、それぞれ水にさらして水気をきる。

3 たっぷりの湯でそうめんをゆで、流水で洗い、冷水でしめる。

4 器にそうめんを盛って**1**の鮎をのせ、**2**、かぼす、蓼をのせて**1**のつゆを張る。

鮎の山椒煮

山椒の実と葉を加えてじっくり煮、最後は煮汁をかけながらこっくり煮詰めます。日持ちするのでまとめて作るとよいでしょう。

材料（作りやすい分量）

鮎の素焼き（P.197）……小5尾
番茶……3カップ
A
実山椒（下ごしらえしたもの。P.131）……大さじ2
山椒の葉（茎を除く）……軽くひとつかみ
酒……1カップ
みりん……大さじ6
しょうゆ……大さじ5
砂糖……大さじ3

作り方

1 フライパンに鮎を並べて温かい番茶を注ぎ、厚手のキッチンペーパーで落としぶたをして弱火で30分ほど煮る。

2 **A**を加え、煮立ったら落としぶたを新しいものに換えて、弱火で30分ほど煮る。

3 煮汁が少なくなったら、鮎にすくいかけながらとろりとするまで煮詰める。

◆保存容器に入れ、冷蔵で1週間～10日間保存できる。

煮汁をかけながらとろりとするまで煮詰める。

番茶で煮ておくと川魚特有のクセがやわらぐ。

あわび

あわびは値段が張るので、買うなら超高価なクロアワビではなく、比較的お手頃なメガイアワビがおすすめ。殻も身も茶色っぽく、クロアワビよりも身がやわらかいと言われます。角切りにした生のあわびを薄い塩水に浮かべた料理「水貝《みずがい》」は夏のご馳走。コリコリした食感と甘みは生のあわびの醍醐味です。一方、軽く蒸したあわびの弾力と、噛むほどにあふれる甘みは貝類の王者ならではの美味。これなら生のコリコリが苦手な人でも食べられそうです。

下ごしらえ

1

塩を振り、たわしでぬめりや汚れ、特に足（周りの黒い部分）を洗う。こすりすぎるとかたくなるので注意。

2

殻の浅いほうにスプーンか木べらを差し込み、貝柱をはがして身をはずす。

3

裏側についている肝を壊さないように、ワタと一緒に切り離す。

4

尖ったほうにある口（赤い部分）はかたいので、V字形に切り取る。

5

そのままでも食べられるが、口当たりが違うので足を削ぎ切る。足、肝は身と一緒に蒸す。

6

身、肝と足に切り分けたあわび。

選び方

身が厚い、活けのあわびを選ぶ。天然ものは殻が10cm以上あるが、養殖もののエゾアワビは7～8cmとやや小さい。

保存

紙に包み、発泡スチロール箱に氷詰めにし、冷蔵庫で1～2日保存できる。

あわびの瞬間蒸し 肝ソース

蒸しあわびは通常何時間も蒸しますが、あわび採り名人から教わったこの方法はあっという間。コリコリのあわびが数分でやわらかくなります。

材料（2〜3人分）

あわび……1個（300〜400g）

塩……適量

青じそ……1枚

しょうゆ、水……各適量

作り方

1 あわびは下ごしらえし、殻に身を入れてバットに入れ、脇に肝、足を入れる。

2 フライパンに深さ1cmほど湯を沸かし、1を入れてふたをし、2〜3分蒸す。身の表面のぬめりが消え、1〜2割縮んだらすぐ取り出して冷ます。

3 肝は砂袋を取り除き、包丁でよく叩き、ざるでこす。しょうゆと水を加えて肝じょうゆを作る。

4 あわびを薄切りにし、青じそを敷いた殻に盛り、3を添える。

◆残った足はわけぎなどと炒めるとおいしい。

数分蒸すだけだから、フライパンの直蒸しでOK。

韓国風あわびがゆ

肝とにんにくの風味が効いたあわびがゆは、滋養がつくことで有名。韓国の魚醤の代わりにナンプラーを使います。

材料（2〜3人分）
あわび……1個（300〜400g）
米……1/2合
おろしにんにく……1/2かけ分
水……3カップ
ナンプラー……大さじ2/3
塩、黒粒こしょう……各適量
ごま油……大さじ1

作り方

1　米は炊く30分以上前に洗い、ざるに上げて水気をきる。

2　あわびは下ごしらえして薄切りにし、肝は包丁でたたく。

3　鍋にごま油とおろしにんにくを入れて中火にかけ、**2**を炒める。火が通ったら米を加えて1分ほど炒め、分量の水を加える。

4　煮立ったら弱火にし、ときどき混ぜながら30分ほど煮る。

5　ナンプラーと塩で味つけし、器に盛って黒粒こしょうをひきかける。

肝を薄切りにした身と足にからめるようにして炒め、火を通す。

米と水を入れてとろみが出たら、鍋底が焦げつかないように混ぜながら煮る。

梅じょうゆ

白身魚の刺身や牛たたきのつけじょうゆ、ドレッシングに。青背魚を煮るときにも。

作り方（作りやすい分量）

1 下ごしらえした青梅（P.103）200gを一晩冷凍する。

2 清潔な保存瓶に入れてしょうゆをかぶるくらい注ぎ、常温におく。8〜10日たって梅の風味が出たら使える。梅が出ないようにしょうゆを足しながら使う。常温で3〜4か月保存できる。

らっきょうのタルタルソース

えびやいか、白身魚の揚げものによく合います。

作り方（作りやすい量）

甘酢らっきょう（P.118）の粗みじん切り3個分、ゆで卵のみじん切り1個分、パセリのみじん切り大さじ1/2を合わせ、マヨネーズ大さじ3〜4、レモン汁小さじ2を加えて混ぜ合わせ、塩、こしょうで味を調える。

秋の旬

まつたけ

おいしいものが次々と登場する実りの秋。なかでも秋の味覚の王様とも言えるのがまつたけです。馨《かぐわ》しい香りと豊かな滋味は天然きのこのなかでも別格。まずは焼きまつたけや炊き込みご飯といったシンプルな

成長するに従って味や香り、食感が変化するので、料理に応じて使い分けるとよいでしょう。左から順に、傘がまだ開いていない「ころ」、「つぼみ」、「中つぼみ（中開き）」、「開き」（写真はカナダ産）。ころは繊維がやわらかいので焼きまつたけに。傘が開いたものは香りが強いので、すき焼きや炊き込みご飯にするのがおすすめ。

料理で、その味わいを存分に楽しみましょう。主な産地は長野県や岩手県、岡山県など。日本各地で採れますが、最高級と言えるのは京都の丹波産。最近出回っている中国産や韓国産、カナダ産などの輸入物は、風味のよさでは国産物に及びませんが、値段は比較的手頃なので気軽に使えます。まつたけに限らず、きのこ類の大敵は水分。ぬれたまま置くと傷んでしまうので、使う直前に洗い、キッチンペーパーなどで水気を拭き取ってください。

下ごしらえ

1

キッチンペーパーで汚れを洗い落とし、水分を拭き取る。

2

鉛筆を削る要領で、石突きを包丁で斜めにそぎ落とす。

選び方

ひだが汚れていないもので、軸が太くてかたく、弾力のあるものを。信頼できる店で買うのがもっとも確実。

保存

鮮度が落ちると風味が薄くなるので、なるべく早く使い切る。買ったときについているヒバの葉ごと新聞紙に包んでふんわりとポリ袋に入れ、冷蔵庫の野菜室で保存。

まつたけご飯

外国産でもたっぷり使えば十分香り豊かなまつたけご飯になります。

材料（4〜6人分）

米……3合
まつたけ（開き）……大1本（約220g）
だし……665㎖

A
酒……大さじ2
みりん……大さじ1
塩……小さじ$\frac{1}{2}$
うす口しょうゆ……大さじ1

作り方

1 米は洗ってざるに上げ、1時間ほどおいて浸水させる。

2 まつたけは下ごしらえして、軸は3㎝長さで短冊に切り、傘は同じ大きさに縦に薄く切る。

3 土鍋に米を入れてだしを注ぎ、**A**を加えてさっと混ぜ、まつたけをのせる。中火にかけ、沸騰したら弱火にして約15分炊く。

4 炊き上がったらまつたけを混ぜ込み、10分蒸らして器によそう。

◆炊飯器で炊く場合は、目盛りまでだしを入れ、**A**を加えて普通に炊く。

まな板の水分は、しっかり拭き取っておくことが大切。

焼きまつたけ

まつたけの香りを心行くまで味わうなら、
焼きまつたけがいちばん。独特の食感も楽しめます。

材料（2人分）

まつたけ（ころ）
……小2本（合わせて約130g）
すだちの搾り汁……2個分
しょうゆ……小さじ1
酒……適量

作り方

1 まつたけは下ごしらえして縦半分に切る。酒を霧吹きで吹きかけ、よく熱した魚焼きグリル（両面焼き）で約5分焼く。

2 火が通ったら取り出して食べやすく裂き、すだちの搾り汁としょうゆで和える。

◆上火グリルの場合は、先に皮目側を3分ほど焼き、裏返して身側を2～3分焼く。

乾燥してしなしなにならないよう、
酒を吹きかけて焼く。

まつたけすき焼き

関西の産地で
最も愛される食べ方です。
牛肉との相性もぴったり。

材料（2人分）

まつたけ（中つぼみ）……2本（合わせて約200g）

牛薄切り肉（すき焼き用）……200g

焼き豆腐……1丁（300g）

九条ねぎ……1束

糸こんにゃく……1袋（230g）

卵……2個

牛脂……適量

砂糖、酒、しょうゆ……各適量

作り方

1 まつたけは下ごしらえして適当な太さに裂く。

2 焼き豆腐は食べやすく切る。九条ねぎは3～4cm長さに切る。糸こんにゃくはゆでてざるに上げ、食べやすく切る。

3 すき焼き鍋を十分に熱し、牛脂を入れて溶かしながら全体に脂をひく。牛肉を広げて並べ入れ、砂糖を振りかけ、酒、しょうゆを振り入れてさっと返して火を通し、取り出す。溶いた卵をつけて食べる。

4 あいた鍋に焼き豆腐、九条ねぎ、糸こんにゃくを入れ、酒、砂糖、しょうゆを足して煮、まつたけも加えてさっと煮る。いずれも火が通ったら卵につけて食べる。

5 牛肉と他の具材を適宜入れ、そのつど調味料で味つけをして、煮えたものから食べる。

まつたけは包丁で切るより、手で裂いた方が香りが広がる。

すき焼き鍋を熱して牛脂を入れ、脂がなじんだら牛肉を1枚ずつ広げて入れ、調味料各適量をかける。

栗《くり》

秋風とともに、一斉に登場する栗。料理、お菓子のどちらにも活躍してくれ、秋らしさを演出してくれる素材です。むき栗も市販されていますが、やはり皮つきの方がほっくりとやわら

選び方

丸々として鬼皮に張りとつやがあるものを選ぶ。値段と大きさは比例する。小さな丸い穴があいているものは、虫が入っている可能性が高いので避ける。

かい食感と甘みが強く、この時期ならではのおいしさを楽しめます。皮をむく手間はかかりますが、ぬるま湯にしばらく浸けておくと鬼皮がやわらかくなり、比較的ラクにむくことができますから、ぜひ試してみてください。「銀寄《ぎんよせ》」「筑波」「利平《りへい》」などさまざまな品種があり、なかでも京都・丹波地方で採れる銀寄は「丹波栗」というブランド名でも知られています。まずは栗ご飯や焼き栗に。渋皮煮や甘露煮は、お正月用に保存も。

下ごしらえ

1

しばらくぬるま湯に浸けてから、底のかたい部分に刃を入れる（渋皮煮用は渋皮を傷つけないようにする）。

2

刃を入れた部分を下にし、包丁で押さえつけながら栗を起こすように回転させる。

3

底からてっぺんに向かって鬼皮をむく。

4

渋皮煮にするとき以外は、鬼皮をむいた後に渋皮をむく。

保存

ポリ袋に入れ、冷蔵庫のチルド室で3～4日を目安に保存する。それ以上おくのならピュレにして冷凍するとよい。

焼き栗

低温でじっくり焼いて甘みを引き出し、仕上げに魚焼きグリルで焼き色をつけて、焦げ味をプラスします。

材料（作りやすい分量）

栗……大10〜15個

作り方

1 栗は側面の平らな方に切り込みを入れる。

2 120℃に予熱したオーブンで20〜30分焼いて火を通す。

3 魚焼きグリルを高温で熱しておき、**2**を1〜2分焼いて焼き色をつける。

栗が破裂しないように、包丁の刃元を使って切り込みを入れる。

栗きんとん

栗の甘みと香りをたっぷり味わえる
季節のお菓子。
手間をかけるだけの
価値のある仕上がりになります。

材料（10～11個分）

栗……500g

グラニュー糖……100g

［シロップ］

グラニュー糖……30g

水……30mℓ

作り方

1 鍋に栗を入れ、かぶるくらいの水を加えて強火にかける。沸騰したらフツフツと沸くぐらいの火加減にして20分前後ゆでる。竹串を刺してみてスッと通ったら火を止める。

2 熱い湯に浸けたまま、1～2個ずつ取り出して半分に切り、中身をスプーンなどで取り出してすぐに裏ごす。

3 全量を裏ごししたら鍋に移し、グラニュー糖と水1/2カップ（分量外）を加えてよく混ぜ、弱火にかけて練り混ぜる。ぽってりとほどよいかたさになったら、ひとすくいずつバットに落とすようにして広げ、冷ます。

4 冷めたら全量をまとめて混ぜ合わせ、なめらかにする。

5 シロップの材料をひと煮たちさせて冷まし、さらし（または布巾など）を浸して絞る。

6 **4**を40g前後に小分けし、それぞれ**5**のさらしで茶巾に絞る。

◆保存する場合は、ラップで茶巾に絞り、そのまま冷蔵庫の野菜室に入れる。2～3日は保存可能。食べるときは常温に戻す。

ゆでた栗は、熱いうちでないとうまく裏ごせないので、冷めないようにしながら作業する。

ひとまとまりになって、粘りが出るまで練る。

表面が乾かないように、シロップに浸して絞ったさらしで茶巾に絞る。

栗の渋皮煮

何度もゆでこぼして、
渋みを抜くのが何よりも大切。
砂糖は2度に分けて加え、
しっかり味を含めます。

材料（作りやすい分量）
栗……15個（400g強）
重曹……少々
［シロップ］
水……2と1/2カップ
グラニュー糖
……155g＋100g

作り方

1 栗はぬるま湯に浸けて鬼皮をやわらかくし、底を薄く切り落とし、渋皮に傷をつけないように鬼皮をむく。

2 鍋に**1**を入れて重曹を加え、かぶるくらいの水を注いで強火にかける。沸騰したらフツフツと沸くぐらいの火加減にして15分ほどゆでる。竹串がスッと通るくらいになったらゆで汁を捨て、水にさらす。

3 冷めたら太い筋を取り、歯ブラシで細かい皮の繊維をこすり落とす。

4 鍋に戻して再びかぶるぐらいの水を入れて強火にかけ、沸騰したらフツフツと沸くぐらいの火加減にして10分ほどゆでてゆで汁を捨てる。これをもう一度繰り返し、完全に渋抜きをする。水にさらして冷ます。

5 水気をきって鍋に入れ、シロップ用の水を加えて中火にかける。沸騰したらグラニュー糖155gを加え、フツフツと沸くぐらいの火加減で20分ほど煮る。途中で栗が顔を出したら湯を元の量まで足す。

6 グラニュー糖100gを加えてさらに20分煮、そのまま冷まして味を含ませる。保存瓶などに移して冷蔵庫に入れれば、1週間から10日は保存可能。

◆お正月用に保存する場合は、渋皮煮を再度中火にかけ、ひと煮立ちしたら弱火にして10分ほど煮て芯まで熱くしてから、煮沸消毒した保存瓶に入れる。口ぎりぎりまでシロップを加え、しっかりふたをしめて瓶ごと逆さにして冷ます。常温で保存可。口を開けたら、冷蔵庫で2～3日。

食用菊

色鮮やかな花びらが料理を華やかに演出してくれる食用菊。和え物や椀物に料理屋さんが使うもの、という印象がありますが、独特の食感と爽やかな香りは、普段の酢の物やお浸しをぐ

黄菊

もってのほか

んとおいしくしてくれるアクセントになります。手軽に使えるので、いつもの食卓にも気軽に使って秋らしさを満喫してほしいもの。食用に改良されているので食べやすく、ハウス栽培によって一年中出回っていますが、特に秋の露地ものは香りが強くて風味が豊かです。主な品種は黄色の「阿《あ》房宮《ぼうきゅう》」、紫色の「もってのほか」「延命楽《えんめいらく》」など。別名「菊の節句」とも呼ばれる9月9日の重陽《ちょうよう》の節句に、菊の花を使った料理や菊酒を楽しむのもよいものです。

下ごしらえ

1

花びらをばらし、中心の雄しべと雌しべ、根元のガクを取り除く。

2

酢少々を加えた熱湯に沈めるようにして返しながらゆで、水に取って水気を絞る。酢を入れるのはアクを取るため。

選び方

花びらの色がきれいで香りがよく、シャキッとしてみずみずしいものを選ぶ。

保存

乾燥しないように、パックごと新聞紙に包んで冷蔵庫の野菜室で。日持ちはしないので、早めに使い切る。冷凍保存する場合は、下ごしらえの要領でゆでて水気をしっかり絞り、小分けにして平らに伸ばし、ラップでぴったり包んで保存袋に入れて冷凍庫へ。

菊花と春菊のお浸し

菊花入りのお浸しは、秋ならでは。香りも風味もひと味違います。

材料（2人分）

食用菊（好みのもの）……4花

春菊……1束

［浸し汁］

だし……3/4カップ

酒……大さじ1

みりん……大さじ1/2

しょうゆ……大さじ1

酢……少々

作り方

1 食用菊は下ごしらえする。

2 春菊は太い茎から葉を摘み、食べやすい長さにちぎる。たっぷりの湯でゆでて水に取り、5分ほどさらして水気を絞る。

3 酒とみりんを耐熱ボウルに合わせ、ラップなしで電子レンジに40秒かけてアルコール分をとばし、だし、しょうゆと混ぜる。

4 **3**に**1**と**2**を加えて浸し、10分ほどおいて器に盛る。汁もたっぷりかける。

蒸し魚の菊花あん

食用菊の彩りと、
特有の香りが生きるあん。
あっさりした白身魚でどうぞ。

材料（2人分）

白身魚（切り身。いぼ鯛など）……2切れ
塩……適量
昆布……5g
酒……大さじ1

［菊花あん］

食用菊（黄菊）……3花
食用菊（紫菊）……3花
だし……120mℓ
酒……大さじ1
みりん……大さじ$\frac{1}{2}$
塩……小さじ$\frac{1}{8}$
うす口しょうゆ……小さじ$\frac{1}{4}$
葛《くず》粉……大さじ1
水……大さじ2

酢……少々

作り方

1 白身魚は薄く塩を振り、15分ほどおく。80℃くらいの湯をかけて霜降りにし、水に取って冷まし、水気をきる。

2 食用菊は下ごしらえする。

3 耐熱の器2つに昆布を半分に切って敷き、**1**をのせて酒を振る。よく蒸気の上がった蒸し器に入れ、強火で5〜6分蒸す。

4 菊花あんを作る。だしを温め、酒、みりん、塩、うす口しょうゆで味を調える。弱火にし、**2**を加えてほぐし、煮立ったら葛粉を分量の水で溶いて加え、再度煮立てて粉臭さを抜く。

5 蒸し上がった**3**に**4**をかける。

ぎんなん

黄色く色づいたいちょう並木の下に、ぎんなんの実が落ちているさまは、秋ならではの光景です。いちょ

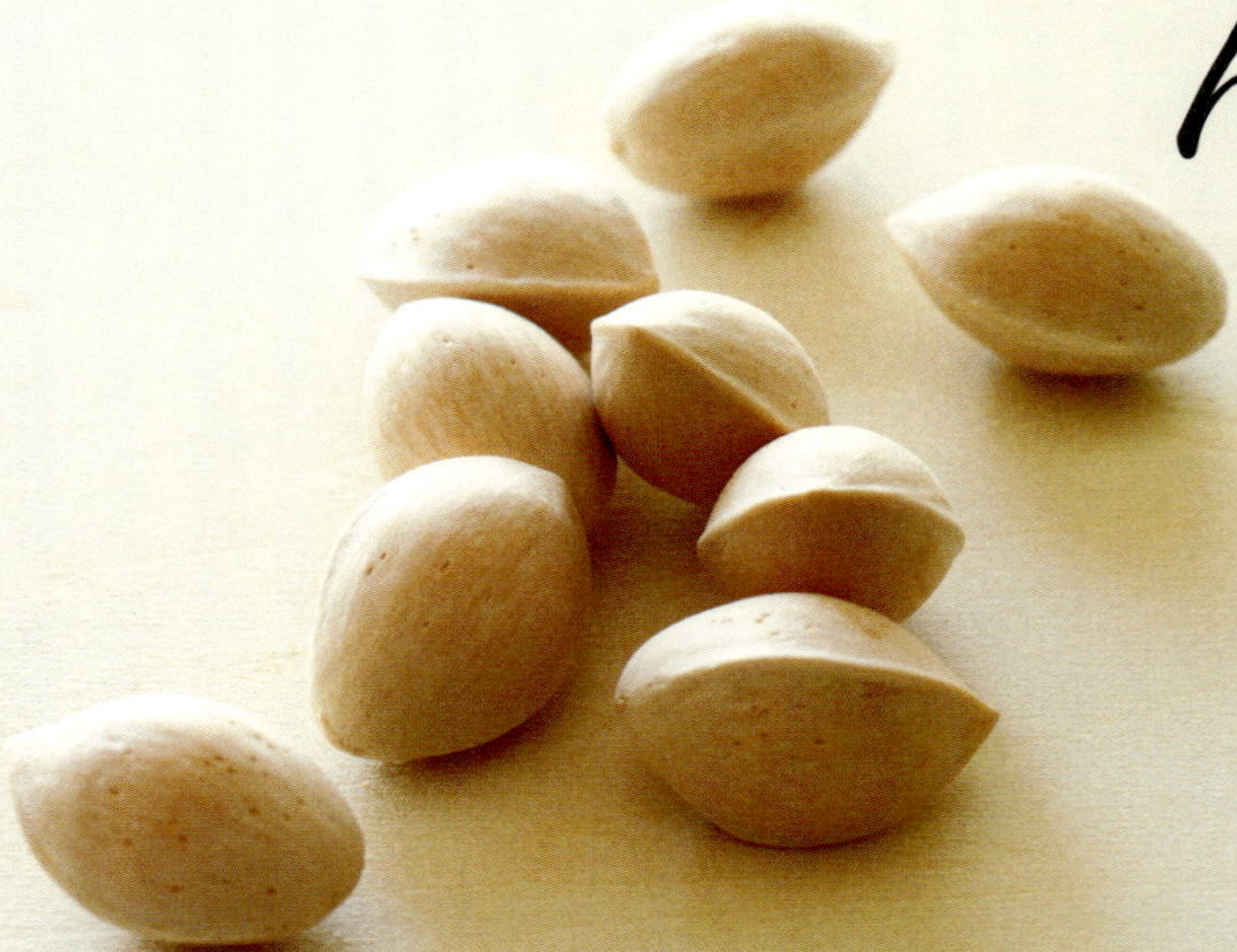

うには雄の木と雌の木があり、実がなるのは雌の木だけ。強烈な匂いとは裏腹に、実の方は素朴でほのかな苦みと甘みを帯びています。自然のものは小粒ですが、お店で売っているのは選抜して育てた大粒のもの。人気の品種は「藤九郎《とうくろう》」。初秋の早どりの新ぎんなんは若緑色が美しく、秋を迎える彩りとして重宝します。殻つきのほか、ゆでて真空パックになったものなどがありますが、旬のこの時期はぜひ、殻つきを。香りもやわらかさも異なります。

下ごしらえ

1

殻の筋目を包丁の背や金づちなどで叩いて割れ目を入れる。

2

割れ目から殻をむく。

選び方

大粒で殻が白く、表面につやがあるものを選ぶ。振ってカラカラと音がするものは中身が未成熟、または古くなって乾燥している証拠。殻が黒ずんでいるものは鮮度が落ちているので避ける。

保存

殻つきの場合は、新聞紙に包んで冷蔵庫の野菜室で1か月を目安に保存する。冷凍する場合は殻をむいて塩ゆでし、薄皮を取り除いてラップで包む。

ぎんなんの素揚げ

ぎんなんの最も簡単でおいしい食べ方のひとつ。そのままおつまみにするもよし。揚げ物の彩りにも最適です。

材料（2人分）

ぎんなん……50〜60g
揚げ油……適量
塩……適量

作り方

1 ぎんなんは殻をむく。

2 フライパンにぎんなんが浸る程度の揚げ油を入れ、165℃くらいに熱して**1**を揚げる。

3 油をきり、残った薄皮をむいて塩を振る。

フライパンをゆすりながら揚げると、薄皮もむける。油をこぼさないように注意する。

茶碗蒸しのぎんなんあん

ピュレにしたぎんなんを、卵だけのシンプルな茶碗蒸しにかけていただきます。

材料（2人分）

ぎんなん……60g
一番だし……75㎖
塩……適量
うす口しょうゆ……少々

［**卵液**］
卵……1個
一番だし……1カップ
酒……大さじ1/2
みりん……大さじ1/4
塩……ひとつまみ
うす口しょうゆ……小さじ1/4

作り方

1 ぎんなんは殻をむく。

2 鍋にぎんなんがひたひたに浸かるくらいの湯を沸かし、ぎんなんを入れて塩少々を加え、網じゃくしなどでこするように転がしながら3～5分ゆでる。火が通ったら水に取り、残った薄皮をむいて水気をきる。

3 ミキサーに入れ、だしを少量加えて攪拌し、ピュレ状にする。残りのだしと塩少々を加えてさらに攪拌してポタージュ状にし、塩、うす口しょうゆで味を調える。

4 卵液の酒とみりんを耐熱容器に合わせ、ラップなしで電子レンジに20秒かけてアルコール分をとばし、冷ます。だしと合わせ、塩、うす口しょうゆで味を調える。

5 卵を溶きほぐし、**4**を合わせてこす。耐熱器2つに注ぎ分け、よく蒸気の上がった蒸し器に入れて強火で1分、弱火にして蓋をきって約20分蒸す。中心に竹串を刺して、澄んだ汁が上がってきたら蒸し上がり。

6 **3**を温め、**5**にかける。

網じゃくしなどでこするように転がし、薄皮をむきながらゆでる。

ゆり根

　ぽくぽくとしたやさしい食感とほのかな甘みと苦み。秋が深まると、おがくずに埋められて店頭に並べられるゆり根は、名前の通りゆりの球根です。お正月料理に欠かせず、懐石料理にも使われることから、高級なイメージがありますが、茶碗蒸しにちょこんと入れるだけ、というのでは寂しい限り。実は天ぷらや素揚げ、炒め物と、普段のおかずの

選び方

実が締まって重みがあり、直径6～8㎝くらいの大きさのものが良い。黒ずみや傷があるもの、しなびているものは避ける。

「もう一品」に大活躍してくれるのです。秋に収穫しますが、長期保存ができる食材で、おがくずの中に入れておけば春先までもちます。大きな鱗片は、ほっくりとした食感を生かして揚げ物や炒め物で楽しむのがおすすめ。芯に近い小さな鱗片は蒸し物やきんとんに。蒸してピュレにすれば、口どけといい、香りといい、ゆり根ならではの風味を感じられます。

下ごしらえ

1

やさしく水洗いしておがくずを取り除き、外側から鱗片を1かけずつはずす。

2

変色していたり、汚れている部分を包丁で削ぎ取る。

3

大きなものを大葉ゆり根、小さくなるにつれ、中葉、小葉と呼ぶ。

保存

おがくずの中に入った状態なら、そのままおがくずに埋めて。むきだしのものは新聞紙で包んでからポリ袋に入れ、どちらも冷蔵庫の野菜室で保存する。おがくずに入ったものなら2〜3か月、無いものでも1か月は鮮度を保てる。水にぬれたり傷がつくと変色するので、扱いには注意する。

ゆり根のバターソテー

バターで炒めるだけですが、ゆり根のおいしさが際立つ一品。ハーブはローズマリーのほか、タイムやお好みのもので。

材料（作りやすい分量）

ゆり根……大1個
バター……15g
ローズマリー……1～2枝
塩……適量

作り方

1 ゆり根は下ごしらえし、大きい鱗片は半分から3等分に切る。

2 フライパンにバターとローズマリーを入れて温め、バターが完全に溶けたらゆり根の厚い鱗片や大きいものから加えて炒める。半分くらい透き通ってきたら小さい鱗片や薄いものを加え、全体に火が通るまで炒める。

3 **2**に軽く塩を振って味を調える。

ゆり根きんとん

口溶けのよさと風味、豊かさが味わえる、風雅なお菓子。

材料（8～9個分）

ゆり根……2個（約270g）
グラニュー糖……70g
卵黄……1個分
薄蜜*……適量
氷もち……適宜

*グラニュー糖10gを水1カップ程度に溶かしたもの。

作り方

1 ゆり根は下ごしらえし、よく蒸気の上がった蒸し器で5～8分蒸す。竹串を刺してみて、スッと通るようになったら、熱いうちに手早く裏ごす。

2 裏ごしたもの（正味約250g）にグラニュー糖を加え、鍋に入れて中火で練る。底に薄く膜状に張りつくくらいまで水分がとんだら、3/4量をバットなどに取り出し、粗熱を取る。

3 鍋に残した1/4量に卵黄を加えてよく練り混ぜ、弱火で**2**のときのかたさまで練り、バットなどに取り出して粗熱を取る。

4 **2**を1個30g前後、**3**を1個10g前後のボール状に丸める。

5 薄蜜に浸して絞ったガーゼ（または布巾）を手のひらに広げ、**4**の白いゆり根をのせ、黄色いゆり根を重ねて包むように丸め、形よく茶巾に絞る。氷もちを振る。

鍋の底に白い膜ができるくらいまで水分をとばし、茶巾絞りができるかたさに練る。焦げやすいので注意する。

薄蜜で絞ったガーゼに白いゆり根をとって黄身あんを包み、茶巾絞りにする。

むかご

山いもの蔓の葉のつけ根にできる、1㎝くらいの球形の芽のこと。つまり、山いもの赤ちゃんです。昔から親しまれてきた山の幸で、野趣あふれる香りといもならではのふわっとやわらかい食感、素朴な甘みは、まさに秋を感じさせる美味。漢字では零余子と書き、晩秋の季語でもあります。お米に混ぜて炊いたり、塩ゆでにしてもよし、素揚げに

すると皮の香ばしさが引き立ち、ビールのおつまみにぴったりです。濃い味つけやピリ辛味も意外と合い、素揚げにした後、肉や魚と一緒にこっくりとした中国風煮込みにしてもおいしいです。市販されているむかごは、長いもの球芽が多いようですが、やまといもやつくねいも、自然薯《じねんじょ》のむかごもとれるので、産地ではそれらのむかごに出会える楽しみがあります。

下ごしらえ

皮をむかずに調理することが多いが、皮をむくと口あたりがよくなり、ふわっとした食感が引き立って格別のおいしさに。蒸してから手で丁寧に皮をむく。皮目はきれいな緑色。

選び方

できるだけ粒が大きく、皮に張りとつやがあるものを選ぶ。乾燥してしなびているものは避ける。

保存

乾燥しやすいので、キッチンペーパーで包み、ポリ袋に入れて冷蔵庫の野菜室で1週間を目安に保存。あれば、おがくずやもみ殻に埋めて冷暗所で保存する。

むかごの飯蒸し

ちょっと面倒でも、ぜひむかごの皮をむいて仕上げていただきたい一品。むかご本来の食感が、もち米とよく合います。

材料（3〜4人分）
もち米……2合
むかご……150g
昆布……7g
塩……小さじ1

作り方

1 もち米は洗って耐熱容器に入れ、たっぷりの水を注いで2時間以上おく。

2 1の水をひたひたまで捨て、昆布を加えてさらに30分おいて昆布のうまみを吸い込ませる。

3 塩を加えて混ぜ、むかごをのせてラップをふんわりかぶせ、電子レンジで約8分加熱する。むかごを竹串で刺してみて、やわらかくなっていたらむかごを取り出す。もち米を混ぜ、再度ふんわりラップをして8分加熱する。

4 むかごの薄皮をむく。

5 3のもち米がやわらかくなったら4を戻してラップをかぶせ、10分ほど蒸らす。昆布を取り出して全体をざっくりと混ぜ、器に盛る。

2時間以上水に浸したもち米に、さらに昆布のうまみをたっぷり含ませ、むかごと一緒に電子レンジで加熱する。

むかごの素揚げ

皮つきのままでもおいしく食べられるのが素揚げ。

材料（2人分）

むかご……50g

揚げ油、塩……各適量

作り方

1 揚げ油を170℃に熱し、むかごを素揚げにする。竹串を刺してみて、スッと通るようになれば揚げ上がり。

2 油をきって塩を振る。

揚げることで皮もやわらかく、香ばしく仕上がる。

柿

白和えやなますといった伝統的な和食にも古くから使われてきた柿。酸味と甘み、渋みのバランスがよく、料理に砂糖では出せない爽やかな甘さを求めたいときに重宝します。海外では日本を代表する果物として知られ、「KAKI」で通じるほど。品種は「富有柿《ふゆうがき》」「次郎柿」「筆柿」「花御所柿《はなごしょがき》」など実に1000種以上。料理に使うのはどんな品種でもよいのですが、よく熟れたものは向かないので、できれば実が締まった、やや若いものを選んでください。

柿釜を作る

1

柿の底部分を薄く削いで座りを良くし、上部1/4をヘタごと切り離してふたにする。身の部分に一回り小さいセルクル型（またはペティナイフ）で底から2cmまで切り込みを入れる。

2

側面からペティナイフを切り込みの底の位置（柿の底から2cm）で水平に差し込み、その幅を広げないように刃を放射状に動かして、中身を切り離して抜く。

選び方

皮に張りがあり、全体が色づいているもの。ヘタと実の間に隙間がないものを選ぶ。隙間があると、虫が入り込んでいることも。

保存

ポリ袋に入れて冷蔵庫の野菜室で1週間。常温において おくと追熟してやわらかくなる。

柿の白和え

いつもは他の食材と合わせて白和えにしますが、柿だけも美味です。

材料（2人分）

柿……2個

［白和え衣］

豆腐（絹ごし）……75g
練りごま（白）……大さじ1/4
酒……小さじ1/2
みりん……小さじ1/4
塩……ひとつまみ
うす口しょうゆ……小さじ1/4

塩……適量

作り方

1 豆腐は厚手のキッチンペーパーに包み、重し（皿など）をのせて1時間ほどおいてしっかり水切りをする。

2 **1**が手でパクッと割れるくらいになったら裏ごす。

3 すり鉢に移してすりのばし、練りごまを加えてなめらかになるまですり混ぜる。

4 酒とみりんを耐熱容器に合わせ、ラップなしで電子レンジに10秒かけてアルコール分をとばし、**3**に加えてすり混ぜ、塩、うす口しょうゆで味を調える。

5 **4**を目の細かいこし器でこす。

6 柿釜を作る（P.251参照）。

7 取り出した柿の果肉は種を除き、棒状に切って塩水で洗い、水気をきる。**5**で和えて柿釜に盛り込む。

生ハムと柿

秋にはメロンではなく柿を。
しっかりした身質と穏やかな甘みが
生ハムを引き立てます。

材料（2〜3人分）

柿……1個
生ハム……6枚
イタリアンパセリ……適量

作り方

1 柿は6等分のくし形切りにして皮をむき、種を除く。

2 **1**に生ハムを巻きつける。

3 器に盛り、イタリアンパセリを添える。

黄ゆず

黄ゆずが店頭に並ぶようになると、秋が一段と深まってきたことを感じます。初夏に白い花をつけ（花ゆず）、やがて青い実になり（青ゆず）、

選び方

果皮全体が黄色く色づき、つやと張りがあるものを選ぶ。持ったときにしっかりと重みのあるものがよい。

保存

ポリ袋に入れて冷蔵庫の野菜室で保存する。鮮度が落ちると香りが薄くなるので、なるべく早く使いきる。

晩秋には黄色く色づく（黄ゆず）など、四季折々で表情や味わいが異なるのもゆずの特徴。とりわけ黄ゆずは吸い口や煮物の天盛り、ポン酢などの調味料や薬味として日本料理に幅広く使われています。刻んだ皮を添えるだけで、香りがふわりと立ち上り、しみじみと幸せな気分に。火を入れても香りがとびにくいため、ゆっくり炊いたジャムや蜜煮などの甘味にしてもおいしいです。最近はフランスでもパティシエたちに注目されている香りの柑橘です。

編み笠ゆずの下ごしらえ

1

皮をすりおろす

皮の表面をおろし器ですりおろす。黄色い部分を残さないように、まんべんなくすり取ること。

2

果肉を取り出す

縦半分に切って、中の果肉を手で取り出す。皮に穴があかないように丁寧に扱う。

編み笠ゆず

伝統的な和の甘味。
とろっとした食感はゆずならでは。

材料（作りやすい分量）

黄ゆず……5個（約650g）
水……1と1/2カップ
グラニュー糖……150g

作り方

1　黄ゆずはヘタを取って下ごしらえし、内側の太い筋などは取り除く。取り出したゆずの中身はジャム（P.292）用に取っておく。

2　**1**の皮はたっぷりの水からゆで、沸騰して5分ほどゆでたらゆで汁を捨てる。新しい水を加えて再度沸騰させ、5分ほどゆでてざるに上げ、粗熱を取る。

3　鍋に**2**を皮を半分に折りたたんで並べ入れ、分量の水とグラニュー糖を加え、中火にかける。煮立ってきたらアクを取り、紙ぶたをして弱火にし、シロップがひたひたになるくらいまでゆっくり煮含める。そのまま冷ます。

編み笠のようにゆず皮を二つに折り、シロップでゆっくり煮含める。

幽《ゆう》庵《あん》焼き

ゆずの香りをまとった焼き物は、
涼風とともにおいしく感じられます。

材料（2人分）

まながつお（切り身）……2切れ

［幽庵地］

酒、みりん、しょうゆ……各1/4カップ

黄ゆず（輪切り）……1/3個分

かぶ……2cm角を2個

［甘酢］

米酢……大さじ2

水……大さじ2

グラニュー糖……5g

赤唐辛子（小口切り）……2切れ

塩、みりん……各適量

作り方

1 まながつおは小骨などを除き、大きければ半分に切り、両面に軽く塩を振って10分おく。

2 幽庵地の材料を混ぜ、**1**の水気を拭いて浸け、30分おく。

3 かぶは斜め格子状に細かく切り込みを入れ、塩水（塩分濃度3%）に浸ける。しんなりしたら水気を絞り、材料を合わせた甘酢に赤唐辛子とともに浸ける。

4 **2**の汁気をきり、皮目全面に切り目を入れる。形を整えて串を打つ。

5 クッキングシートを敷いた天板に**4**をのせ、230℃に予熱したオーブンで6～7分焼く。途中で3～4回刷毛で**2**の漬け汁を塗る。

6 焼き上がりにみりんを塗ってさっと乾かし、串を抜いて器に盛り、**3**の汁気をきって添える。

幽庵地は魚だけでなく、鶏肉、牛肉にも利用できる。肉を漬け込むときは、みりんを倍量にする。

さんま

江戸時代から庶民に愛されている魚で、今も秋の味覚の代表的存在です。夏から秋にかけて北海道から本州北部の太平洋側を南下し、なかでも根室や気仙沼に水揚げされるものが有名です。豊富に獲れて冷凍品もあるため、通年食べられますが、やはり新鮮で脂がのってくる秋が旬。お好みですが、

選び方

口先が黄色く、背中が盛り上がっているものは脂がのっている証拠。魚は内臓から鮮度が落ちるため、お腹に張りのあるものが新鮮。

旬のさんまは内臓もおいしく食べられるので、塩焼きにしてぜひ内臓ごと味わってください。鮮度がよければ刺し身にもなり、煮ても揚げてもおいしい魚です。細長くて身がやわらかく、鮮度落ちも早いさんまは、できるだけ身をさわらないように、頭側から尾に向けて、中骨に沿って一気におろします。骨に身が残ることから「大名おろし」と呼ばれるおろし方です。難しいおろし方ではないので、ぜひ試してみてください。

うろこを取る

1

頭を左、腹を手前にして置き、尾から頭へ向かって包丁でこそいでうろこを取る。

2

刃先を小刻みに動かしてうろこをこそげ取る。ひれの際や腹部など、細かい部分も丁寧に取り除く。

3

身を切らないように注意し、刃先、刃元を使い分けて両面のうろこを取る。

保存

頭と内臓を取り除き、よく水洗いをして、全体に塩を振る。キッチンペーパー、ラップの順に包み、冷蔵庫のチルド室で翌日を目安に保存する。

大名おろし
（棒ずし用）

1

胸びれの後ろに包丁をまっすぐに入れ、頭を切り落とす。

2

頭側を右、腹を手前に置き、逆さ包丁（刃先を上または外側に向ける）で腹を肛門から切り開く。

3

刃先で内臓をかき出す。

内臓を取り除く（筒揚げ用）

1

胸びれの後ろに包丁をまっすぐに入れ、頭を切り落とす。

2

切り口から腹の中に箸を入れ、内臓をかき出す。

3

ボウルに張った塩水（塩分濃度2.5%）の中で、指を入れて腹の中や中骨の際などをよく洗い、残った内臓や血合いを取り除く。キッチンペーパーで表面と腹の中の水気を拭き取る。

4

ボウルに張った塩水（塩分濃度2.5%）の中で、残った内臓や血合いをこすり落とす。キッチンペーパーで表面と腹の中の水気を拭き取る。

5

頭側を右、腹を手前に置き、頭側から包丁を入れて、中骨の上に刃を沿わせながら、尾のつけ根まで切り進めて身をはずす。

6

裏返し、中骨を下にして頭側を右、背を手前に置き、**5**と同様に頭側から包丁を入れて切り進み、身をはずす。

7

腹骨が左にくるように置き、腹骨のつけ根に包丁の刃先を刺し入れて骨の端を身から切り放し、包丁で腹骨をすくうように薄く削ぎ取る。

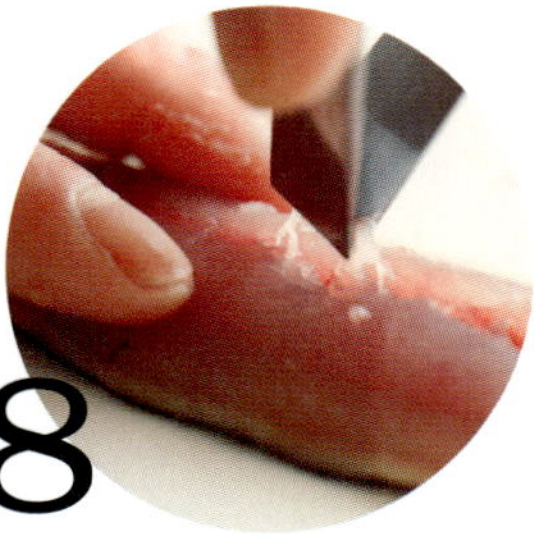

8

頭側を右にして置き、小骨を骨抜きでつまんで引き抜く。小骨は頭から尾に向かって斜めに入っているので、右上に向けて抜く。

さんまの塩焼き

さんまを楽しむなら、まずは塩焼き。おいしさのポイントは、塩加減。両面にむらなくたっぷり振って、焦がさないように焼き上げます。

材料（2人分）

さんま……2尾
大根おろし……1カップ
すだち……1個
塩、しょうゆ……各適量

作り方

1 さんまはうろこを取り、洗って水気を拭き取る。

2 **1**の両面に塩を多めに振る。

3 よく熱した魚焼きグリル（両面焼き）に**2**の表側（頭を左、腹を手前にしたとき上になる側）を上にして並べ、中火～強めの中火で7～8分焼く。

4 器に盛り、大根おろしと輪切りにしたすだちを添え、大根おろしにしょうゆを少量かける。

◆上火グリルの場合は、先に裏側を5～7分焼き、裏返して表側を4～5分焼く。

塩は、一方の手のひらに当てながら振ると、全体に薄く均一に広がる。

さんまの筒揚げピリ辛あん

骨ごと薄く切り
カリカリに揚げたさんまを、
野菜と一緒にピリ辛あんで絡めた、
ご飯にもビールにも合う一皿。

材料（2人分）
さんま……1尾
れんこん……小1節
にんにく（みじん切り）……大1かけ分
長ねぎ（みじん切り）……15cm分
豆板醤……小さじ1/4
［合わせ調味料］
酒……大さじ1
砂糖……大さじ1/2
しょうゆ……小さじ2
水……大さじ1
片栗粉……小さじ1

太白ごま油……小さじ1
小ねぎ（斜め切り）……適量
薄力粉、揚げ油……各適量

作り方

1 さんまは内臓を取り除き、できるだけ薄く骨ごと小口切りにする。

2 1に薄力粉を薄くまぶす。

3 合わせ調味料の材料を混ぜる。

4 れんこんは皮をむき、2mm厚さの半月切りにする。

5 揚げ油を165℃に熱し、4を素揚げする。続けて2のさんまを揚げる。

6 フライパンか中華鍋に太白ごま油を熱し、にんにく、長ねぎを炒める。香りが出たら豆板醤を加えてさらに炒め、色が変わったら3を混ぜながら加える。

7 6が煮立ってとろみがついたら、5のれんこんとさんまを加えて手早くからめる。器に盛り、小ねぎを散らす。

筒拭きしたさんまを、ごく薄く小口切りにする。

カリカリと、骨まで香ばしく揚げる。

さんまの棒ずし

脂ののったさんまを
酢じめにした棒ずしは、
秋に食べたいごちそう。
山椒の実とガリを
アクセントに加え、
香りよく仕上げます。

材料（2人分）

さんま……1尾

［合わせ酢］

米酢、水……各1/4カップ

グラニュー糖……小さじ1

塩……ひとつまみ

白板昆布

……15cm長さのもの3枚

米……3/4カップ

もち米……大さじ2

昆布……3g

［すし酢］

米酢……大さじ2

グラニュー糖……大さじ3/4

塩……小さじ1/2

ガリ（みじん切り）……5g

山椒の実（塩漬け）……少々

塩、米酢、ガリ……各適量

さんまの棒ずし

作り方

1 さんまは大名おろしで3枚におろし、腹骨、小骨を取り除く。

2 **1**の両面に塩を多めに振って10分ほどおき、水気を拭く。

3 合わせ酢の材料を混ぜてグラニュー糖と塩を溶かし、**2**を入れる。ときどき上下を返しながら2〜3分漬ける。

4 **3**の汁気をきり、白板昆布に挟んでぴったりとラップで包み、冷蔵庫に3時間ほどおく。

5 米ともち米を合わせて洗い、昆布を加えて1合の水加減で普通に炊く。すし酢の材料を軽く温めてグラニュー糖と塩を溶かし、冷ます。

6 飯台を、米酢少々を加えた水で絞った布巾でよく拭く。炊き上がったご飯をあけ、すし酢を回しかけてしゃもじで切るように混ぜる。酢水で絞った布巾をかけて人肌まで冷ます。

7 **6**を2等分にしてまとめ、酢水で絞った布巾で拭いたまな板の上で、それぞれを軽く練って棒状にまとめる。

8 **4**の白板昆布を除く。皮目を上にして置き、頭側の皮の端を少しめくって手掛かりとし、身を軽く押さえて皮を引きはがす。

9 巻きすに酢水で絞った布巾を広げ、**8**を皮側を下にして置く。ガリのみじん切りと山椒の実をのせ、**7**のすし飯をのせ、巻きすと布巾でしっかり巻いて棒状に形作る。同様にしてもう1本作る。

10 ラップできっちりと包み、涼しい所に2〜3時間おく。

11 ラップごと1cm厚さに切り、ラップを除いてガリを添える。

むき始めで皮が切れてしまうとはがしにくくなるので、慎重にむく。

塩を振ったバットにおろし身を皮目を下にして並べ、上から全体に塩を振る。

巻きすを手前に、布巾を向こうへグッと引っ張って締める。

白板昆布は、薄くて扱いやすく、昆布じめに最適。

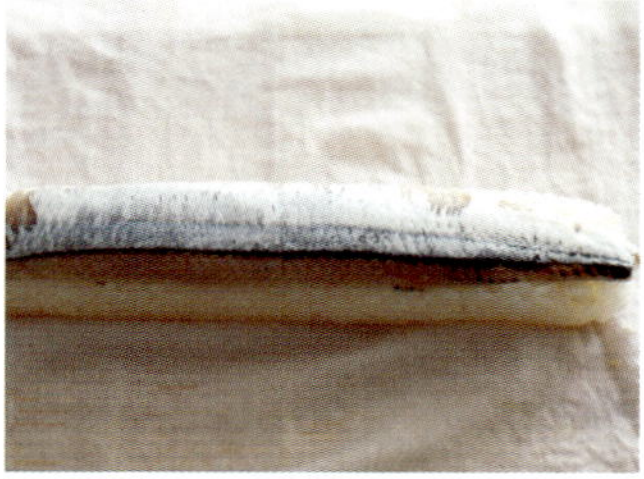

さんまの棒ずしの完成。この後、ラップで包んで2～3時間置く。

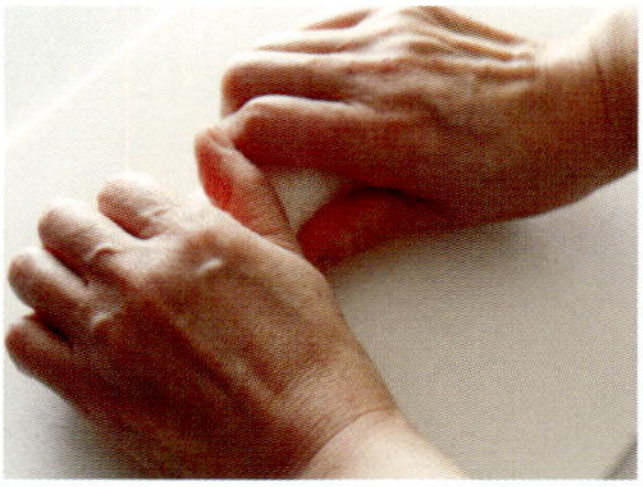

手に酢水をつけ、ご飯粒と粒の間にある空気を抜くように軽く練りながら棒状にする。

生すじこ

新米の季節になると、作りたくなるのが「ご飯の供」。毎年この時期に必ず仕込む、という話をよく聞くのが、自分好みの塩加減に仕立てることができる自家製イクラです。ちなみに「すじこ」とは、鮭の卵が

卵巣の中に入ったままの状態をいい、卵巣から卵を1個1個バラバラにほぐしたものを「イクラ」と呼びます。これを塩漬けやしょうゆ漬けにすることで、長く楽しめます。上手に作るポイントは「生すじこが手に入ったら、その日のうちに仕込むこと」。薄皮は目の粗い網でこすると手早く取り除けます。料理はやはりシンプルなイクラ丼がおすすめです。イクラを口いっぱい頬張れる、魚卵好きにとって、至福の一品になることでしょう。

下ごしらえ

1

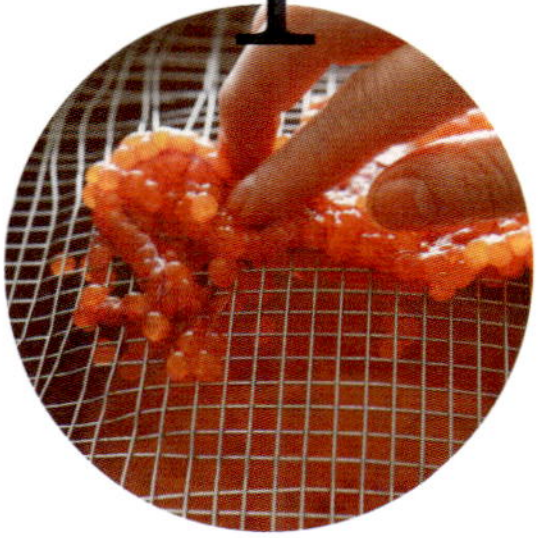

目の粗い網の上でこすって、生すじこをほぐす。強く押しつけると卵がつぶれるので注意。

2

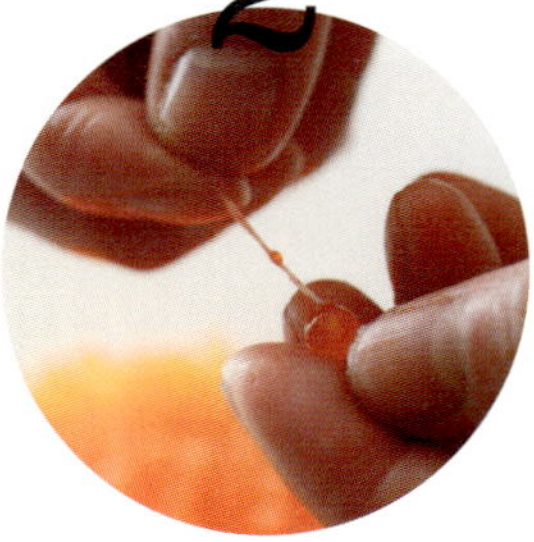

立て塩で洗いながら筋や皮、膜などを見つけて、手で丁寧に取り除く。

選び方

形が崩れていないもので、卵の一つ一つに張りがあるものを選ぶ。血管が黒ずんでいるものは鮮度が落ちているので避ける。

保存

塩漬け、しょうゆ漬けにして保存。冷蔵庫に置いておくと卵の皮が硬くなるので、冷凍がおすすめ。密閉容器かポリ袋に入れて3か月を目安に保存する。

塩漬け
しょうゆ漬け

イクラの塩漬け、しょうゆ漬け

根気よくほぐして塩水に。歯が触れた瞬間にプチッと弾けるイクラに仕上げます。冷凍すれば、お正月の料理にも重宝します。

材料（作りやすい分量）

生すじこ……200g

［立て塩］

—水……2ℓ

—塩……60g

塩、しょうゆ……各適量

※寄生虫（アニサキスなど）対策としては、生すじこの状態あるいは調理後に、48〜72時間冷凍するとよい。

作り方

1 立て塩の材料を合わせ、そこから別のボウルに500mℓほど移し、目の粗い網をのせて生すじこをほぐすようにして通し、立て塩に落としていき、薄皮などを取り除く。

2 ほぐした生すじこに残った膜や白い皮、筋などを丁寧に取り除き、残りの立て塩で4〜5回洗ってざるに上げ、1時間ほどおいて汁気をきる。

3 **2**を半量に分け、片方は塩1gを加えて混ぜ、残りはしょうゆ小さじ1を混ぜ、翌日まで冷蔵庫で寝かせる。さらにおくときは冷凍する。

イクラ丼

お手製のイクラを、ホカホカご飯に好きなだけのせてどうぞ。
のりも青じそもなし。濃密でとろけるようなうまみを堪能します。

材料（2人分）

温かいご飯……丼2膳分
イクラ（塩漬け、またはしょうゆ漬け。P.276）……40〜60g
おろしわさび……適量

作り方

器にご飯を盛り、イクラをのせておろしわさびを添える。

魚の肝

冬の寒さに備えて、魚は体内に脂肪を蓄えます。とりわけ大きく、味もまろやかになる肝はこの時期ならではの珍味。あんこう、かわはぎ、ふぐなど肝がおいしい魚はさまざまありますが、やはり人気の筆頭は「あん肝」でしょう。淡泊な身からは想像できない力強いうまみとなめらかな口あたりは「海のフォアグラ」と呼ばれるほど。蒸し

選び方

あんこうの肝は全体が薄くピンクがかっていて、張りとつやがあるものを選ぶ。血管が黒ずんでいるものは鮮度が落ちているので避ける。いかはするめいかを選ぶ。身が締まり、全体が褐色で透明感があるものは肝も新鮮。

保存

あんこうの肝は密閉容器に入れ、立て塩を加えて翌日まで。いかの肝は強塩をしてラップで包み、冷蔵庫のチルド室で翌日を目安に保存。

てポン酢でシンプルに食べるのも美味。いかの肝（わた）は通年ありますが、晩秋の肝はたっぷりとして味も濃厚。肝自体がおいしいソースになります。

下ごしらえ あんこうの肝

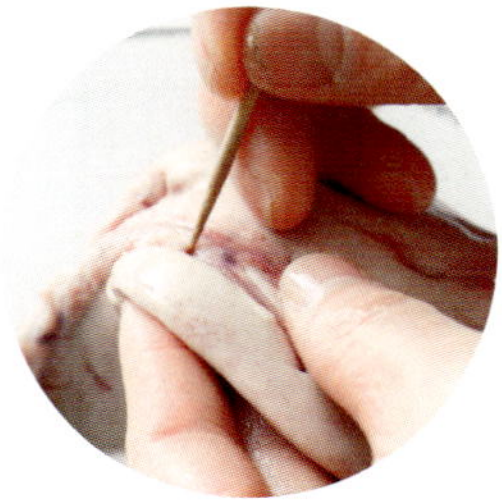

血管を竹串の先などでついて穴を開け、中の血をきれいにしごき出す。

下ごしらえ するめいかの肝

1

胴の中に指を差し入れ、胴と内臓をつなぐ筋を指先ではずし、軟骨を引き抜く。

2

脚を持ってゆっくりと引っ張り、内臓ごと抜く。胴は中まで洗って水気を拭く。

3

肝についている墨袋をつまみ、袋を破らないように引っ張ってはずす。肝の周りについている余分な内臓を除く。

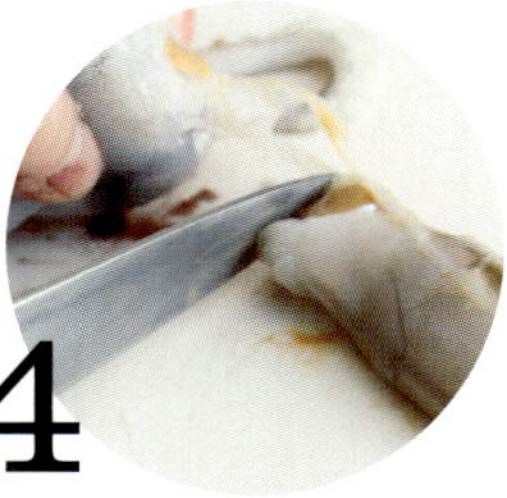

4

目の上あたりで肝と足を切り分ける。

あん肝ポン酢

口の中でとろけて広がる濃厚な味は、左党にとって垂涎の肴。血抜きさえ丁寧にすれば、あとはソーセージのようにラップで巻いて蒸すだけで、自家製あん肝の完成です。

材料（作りやすい分量）

あんこうの肝……150g

［下味用］

- 水……2カップ
- 酒……大さじ1
- 塩……大さじ1

もみじおろし、あさつき（小口切り）、ポン酢しょうゆ……各適量

作り方

1 あんこうの肝は下ごしらえし、下味用の材料を合わせたボウルの中に漬け込み、1時間ほどおく。

2 巻きすにラップを広げ、**1**を水気をきって左右の太さが均一になるように向きを変えるなどしてのせ、直径3～4cmになるようにラップでしっかり締めながら巻く。端をキャンディー包みのようにきつくねじ留める。

3 よく蒸気の上がった蒸し器に入れ、中火で約20分蒸す。粗熱を取り、冷蔵庫で冷やす。

4 完全に冷えたらラップごと1cm厚さに切り分ける。器に盛り、もみじおろし、あさつきを添えてポン酢しょうゆをかける。

巻きがあまいとでき上がりの形が崩れてしまうので、ここでしっかり巻く。ラップの両端がほどけてしまうようなら、輪ゴムなどで留める。

いかの塩辛

白いご飯によし、熱燗によし。肝のまったりと濃厚なうまみがいかの甘みを引き立てます。新鮮ないかが手に入ったら、ぜひ作ってほしい自家製珍味。

材料（作りやすい分量）

するめいか……1杯
塩……小さじ2/5
酒……小さじ1
昆布……1.5g

※生のいかには寄生虫（アニサキスなど）がいる場合があるので、冷凍して死滅させてから使う。家庭用の冷凍庫では-10℃程度にしかならないため、48～72時間の冷凍が望ましい。あるいは、購入する際に冷凍処理したいかを選ぶとよい。

作り方

1 するめいかは下ごしらえし、肝をはずす。

2 えんぺらをはずして胴の皮をむく。軟骨のあった部分に切り込みを入れて胴を開き、内側の薄皮などを手で取り除き、かたい部分を包丁でそぎ取る。

3 **2**の身を4cm幅くらいになるように横に切り分けてから、5mm幅くらいの棒状に切る。

4 肝を絞り出し、塩と酒を混ぜる。**3**の身と昆布を加え、表面をラップでぴったり覆って冷蔵庫で寝かせる。翌日から食べられるが、2～3日目がおいしい。

◆低塩なので、1週間で食べきること。

袋の中から肝を絞り出す。

魚の白子

白子とは魚の精巣のこと。ふぐ、たら、あんこうなどが挙げられますが、最も格上なのが「ふぐの白子」。クリーミィでピュアなコクと甘みがあり、ふんわりとした口あたり。主に料理屋で使われる高級食材です。一方、比較的手頃に味わえるのはたらの白子。その形から関西では「菊子《きくこ》」、「雲《くも》子《こ》」と呼ばれ、ふぐの白子と呼び分けています。トロリとした食感で、鍋物や蒸

選び方

どちらも全体が白くてプリッと弾力があるもの、水分が出ていないものを選ぶ。血管が黒ずんでいるものは鮮度が落ちているので避ける。

保存

密閉容器に入れ、立て塩を加えて冷蔵庫のチルド室で保存する。翌日中に食べきる。

し物に向いています。どちらもねっとりとしたうまみのかたまり。本来の持ち味を生かして、味つけは塩やポン酢しょうゆであっさりといただくのがよいでしょう。傷みが早いため、なるべく早く食べきります。

下ごしらえ
たらの白子

1

表面についている血やぬめりを洗い落とす。

2

太い血管や筋を取り除き、塩水で洗って水気をきる。

3

筋の部分に包丁を入れ、一口大に切り分ける（房切り）。

4

房切りした白子。

下ごしらえ
ふぐの白子

1

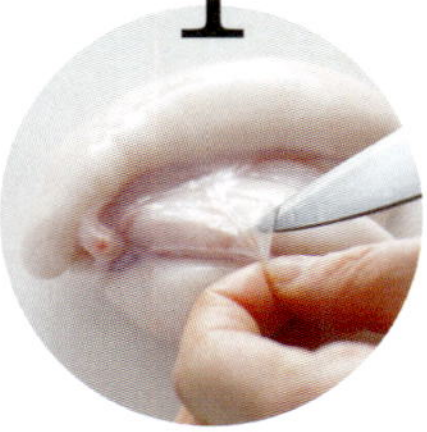

太い筋や粘膜など、余分なものを取り除く。

2

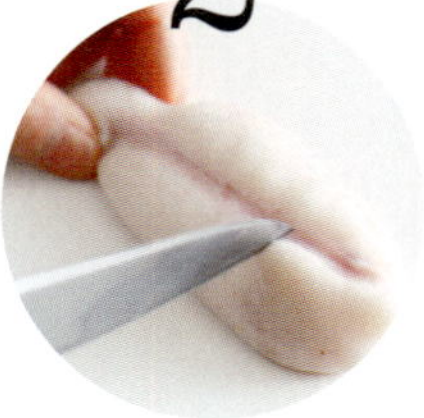

血管を包丁や竹串の先などでついて穴を開け、中の血をきれいにしごき出す。塩水で洗い、水気をきる。

菊子ポン酢

房切りした白子を昆布だしでゆでて、ポン酢でいただきます。きちんと下ごしらえをした白子は臭みもなく、プリッと弾けて濃厚なうまみが広がります。

材料（2〜3人分）

たらの白子……100〜150g
昆布……5g
塩……適量
大根おろし、一味唐辛子、あさつき（小口切り）……各適量
ポン酢しょうゆ……適量

作り方

1 たらの白子は下ごしらえする。

2 たっぷりの水に昆布と塩小さじ1ほど加え、弱火でゆらゆらと湯気が上がって鍋の縁に小さく泡がつくくらいの温度にする。

3 **1**を**2**に入れ、ゆっくりと火を通す。白くプリッとなってから1分ほどゆで、氷水に取る。水気をきる。

4 器に盛り、大根おろしに一味唐辛子を混ぜたものをのせて、あさつきを散らし、ポン酢しょうゆをかける。

ふぐの白子塩焼き

外はパリッと香ばしく、中はふわふわでクリーミィ。とろけるような食感と上品な甘みは、ふぐの白子ならではの味わいです。

材料（2～3人分）

ふぐの白子……1腹

塩……適量

作り方

1 ふぐの白子は下ごしらえし、好みの大きさに切る。

2 **1**をアルミホイルに並べて軽く塩を振り、よく熱した魚焼きグリルの上火で8～10分焼く。

3 器に盛り、好みで塩を振る。

アルミホイルは、白子から出る水分が流れないようにトレー状にするとよい。

ゆずジャム

編み笠ゆずのオマケ。
とっても手軽でうれしいおいしさ。

作り方（作りやすい分量）

1 編み笠ゆず用に取り出したゆずの中身（P.259）をグラニュー糖200gとともに鍋に入れ、中火にかける。煮立ってきたらアクを取り、弱火にして透明になってくるまで20分ほど煮詰める。

2 1を粗めのざるでこして種と薄皮を除き、そのまま冷ます。

冬の旬

聖護院大根《しょうごいんだいこん》

京都の伝統野菜で、丸くて大きいのが特徴です。江戸時代に尾張から京都の聖

護院に伝わった長大根を、ある篤農家《とくのうか》が種取りして土地に合う丈の短い大根ばかりを採取し続けた結果、今のような丸い大根になったとか。料理にするには何といっても煮物がいちばん。えぐみが少ないうえ、煮ることで上品な甘さと、とろりとした舌ざわりが楽しめます。できれば濃い味ではなく、おあげさん（油揚げ）とともに、あっさり薄味に仕上げるのがおすすめ。身質がきめ細かく、辛みも少ないので、浅漬けなど生食にも向いています。

下ごしらえ

皮は内側の白い筋を残さないように厚くむく。

選び方

手に持つとずっしりと重い方が、水分が詰まっていておいしい。しっかりと丸みを帯びた直径15～20㎝くらいのものを選ぶ。

保存

根と葉を別々にして新聞紙で包み、ポリ袋に入れて冷蔵庫の野菜室で保存。

聖護院大根と油揚げの含め煮

聖護院大根の甘みと
とろっとした身質が最も味わえる一品。

材料（2〜3人分）

聖護院大根（3cm厚さの輪切り）……1と1/2枚
油揚げ……1枚
［煮汁］
だし……1と1/4カップ
しょうが（薄切り）……3枚
酒、みりん……各大さじ2
塩……小さじ1/2
うす口しょうゆ……小さじ1

黄ゆずの皮（せん切り）……適量
米のとぎ汁……適量

作り方

1 聖護院大根は皮をむき、1枚を6等分、1/2枚は3等分に切って面取りをする。

2 **1**を鍋に入れ、米のとぎ汁をたっぷり加えて強火にかける。沸いてきたら弱火にし、竹串がスッと通るくらいのやわらかさになるまで20〜30分ゆでる。水に取り、10分ほどさらしてぬか臭さを抜き、水気をきる。

3 油揚げはボウルに入れてたっぷり湯を注ぎ、水気をきってキッチンペーパーなどで水気を押さえて油抜きをし、9等分に切る。

4 **2**と**3**を鍋に並べ入れ、だしとしょうがを加えて厚手のキッチンペーパーで落としぶたをし、中火にかける。沸いてきたら弱火にし、10分煮る。

5 酒とみりんを加えて10分、塩とうす口しょうゆを加えてさらに10分煮る。そのまま冷まして味を含ませる。

6 温め直して器に盛り、汁をかけて黄ゆずの皮をのせる。

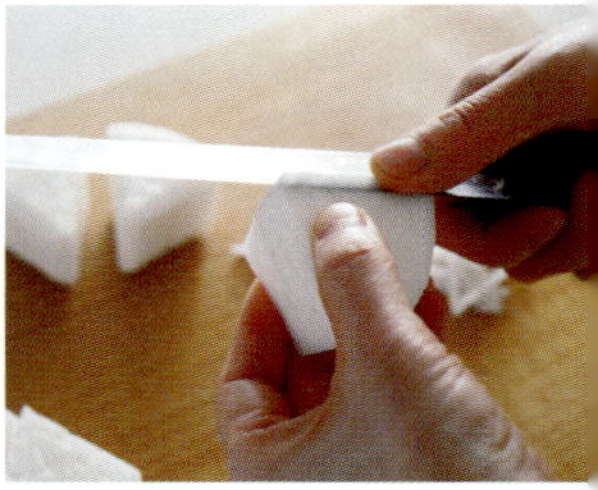
直線部分の面取りは、削ぐように一気に切り落とすと時間がかからず、面取りあとも均一になる。

米のとぎ汁で下ゆですることで、大根のえぐみが和らぎ、白くゆで上がる。とぎ汁がない場合は、たっぷりの水にひと握りの米を加えてゆでるとよい。

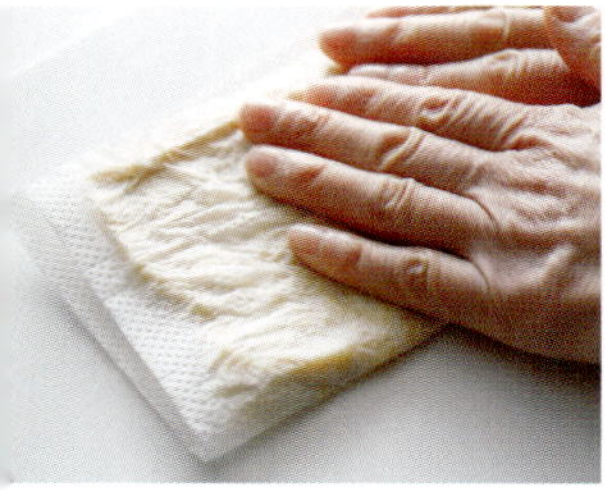
油揚げは湯をかけただけでは油抜きにならない。キッチンペーパーに挟んで上からギュッギュッと押さえ、油をしっかり抜く。

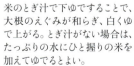

聖護院大根のゆず漬け

きめの細かい大根が、昆布のうまみとゆずの香りをまとった、季節の出会いものと言ってもよい浅漬けです。

材料（作りやすい分量）

聖護院大根……400g（約$\frac{1}{2}$本）
塩……小さじ1と$\frac{1}{3}$
昆布……12g
黄ゆずの皮（せん切り）……適量

作り方

1 聖護院大根は皮をむき、1cm角4cm長さの棒状に切る。塩を振って全体を混ぜる。

2 昆布は3つに切る。

3 簡易漬け物器に昆布と**1**、黄ゆずの皮を交互に入れ、ふたをして押しをかけ、一晩おく。

4 水気がたっぷり出たらふたをはずし、密閉袋などに移してできるだけ空気を抜いて冷蔵庫に入れる。次の日から食べられ、3〜4日ほど保存可能。

押しぶたが重しになる簡易漬け物器。野菜と調味料を入れて、ふたのハンドルをグルグル回すだけで、自家製浅漬けが手軽にできる。

三浦大根

上下が細く、真ん中が太い「中ぶくら」の形が特徴的。重さ3kg、長さ50〜60cmほどもある大型の大根です。えぐみが少なく、煮ることで甘さが引き出され、みずみずしいのに煮崩れしないなど、煮物で本領を発揮します。甘みと辛みのバランスが絶妙なので、サラダなど生でそのまま味わうのもよいでしょう。地元の直売所で販売される以外、流通するのは年末のみ。おせち料理のなますに三浦大根は欠かせないというファンもいます。

下ごしらえ

皮は内側の白い筋を残さないように厚くむく。

選び方

中ほどがしっかり太く、ずっしりと重さがあるものを選ぶ。ひげ根とその穴が少なく、葉つきは葉が放射状に広がっているものがよい。

保存

葉つきの場合は根元で切って別々にする。葉をそのままにしておくと養分を吸い上げて根がスカスカになってしまう。それぞれ新聞紙で包み、ポリ袋に入れて冷蔵庫の野菜室で保存。

三浦大根の風呂吹き

三浦大根の真骨頂です。
温かい湯気もごちそう。

材料（2人分）
三浦大根……6㎝
［昆布だし］
昆布……5g
水……2カップ
［白練りみそ］
白みそ（西京みそ）……50g
卵黄……1個分
酒……大さじ2
みりん……大さじ1
黄ゆずの皮……適量
米のとぎ汁……適量

作り方

1 三浦大根は厚さを半分に切り、皮をむく。上下で交差するように、両面に十文字に半分まで切り込みを入れる。

2 鍋に入れ、米のとぎ汁をたっぷり加えて強火にかける。沸いてきたら弱火にし、竹串がスッと通るくらいのやわらかさになるまで20～30分ゆでる。水に取り、10分ほどさらしてぬか臭さを抜き、水気をきる。

3 白練りみそを作る。小鍋に材料を合わせ、なめらかに練り混ぜる。弱火にかけ、マヨネーズくらいのかたさになるまで練る。粗熱を取って、目の細かいこし器でこす。

4 別の鍋に昆布だしの材料を入れて30分ほどおく。

5 **4**に**2**を入れ、弱火で芯まで温める。水気をきって器に盛り、湯煎で温めた**3**をかけ、黄ゆずの皮をすりおろしてのせる。

表裏で十文字が交差し、上からみると米印になるように切り込みを入れる。深さは大根の厚みの半分まで入れる。

下ゆでした大根を、昆布だしで芯までしっかり温める。この間に、やわらかい大根に昆布のうまみがしみ込む。

三浦大根そば

甘みのある三浦大根の、うまみいっぱいの大根おろしをつけ汁にした、薬味いらずの日本そば。大根の甘み、辛みが、そばの風味を引き立たせます。

材料（2人分）

三浦大根……6㎝（約350g）
そば（生）……2玉
しょうゆ……大さじ1と1/2

作り方

1 三浦大根は、皮をむいてすりおろし、しょうゆを混ぜる。

2 そばは袋の表示通りにゆでて水に取り、ぬめりを洗い流して水気をしっかりきる。

3 器に**2**を盛り、**1**を添える。

えびいも

種類豊富な里いものなかでも、ブランド力はトップクラス。ほっくりとして上品な甘さ、絹のようになめらかな口あたりに惚れ惚れ

します。「えびいも」という名前は湾曲した形と、白地に黒褐色の縞模様がえびに似ていることからつけられました。京都の料理屋では冬の炊き合わせとしてよく登場し、棒だらと合わせた「いも棒」という料理も有名です。栽培に手間がかかり、高級品として扱われていることからも、関西ではお正月や婚礼などの祝いごとに使われています。中心まで味がしっかりしみ込むため、煮物や揚げ物、汁物などいろんな料理に使えます。

下ごしらえ

1

鍋に皮をむいたえびいもを入れて米のとぎ汁をたっぷり加え、落としぶたをして火にかける。沸騰したらアクを取り、火を弱めてコトコトと沸くぐらいの火加減で、竹串がスッと通るやわらかさになるまで15〜20分ゆでる。

2

火からおろし、落としぶたの上から静かに水を流し入れ、完全に冷めたら、水に浸けてさらす。

選び方

太い部分がふっくらと丸みを帯びているもの、尖った先端が乾燥していないもので、なるべく大きいものを選ぶ。

保存

乾燥するため冷蔵庫での保存は避ける。新聞紙で包み、風通しのよい冷暗所で保存する。

えびいもの含め煮

最もえびいもらしさを味わえるのが含め煮。しっとりとした身は口の中でほわっと崩れ、きめの細かさと甘みが広がります。

材料（4～6人分）
えびいも……4個
［煮汁］
だし……3と1/2カップ
しょうが（薄切り）……3枚
酒……大さじ3
みりん……大さじ4
塩……小さじ1/2
うす口しょうゆ
……大さじ1/2

黄ゆずの皮（せん切り）……適量
米のとぎ汁……適量

作り方

1 えびいもは真ん中の部分は1.5cm厚さに輪切りにし、六角に皮を切り落とす。上下の湾曲した部分は六方*にむく。

2 **1**をたっぷりの米のとぎ汁で下ゆでする。

3 水気をきって鍋に並べ入れ、だし、しょうがを加えて厚手のキッチンペーパーで紙ぶたをし、中火にかける。沸いたら弱火にし、酒とみりんを加えて10分煮る。塩とうす口しょうゆを加え、さらに10分煮て火を止め、そのまま冷まして味を含ませる。

4 温め直して器に盛り、汁をかけて黄ゆずの皮をのせる。

*側面が6面になるように皮をむくこと。

えびいもの太い部分は輪切りにし、側面の皮を六角形になるように切り落とす。1面を落としたら、隣ではなく対面を平行になるように切っていくと、形が整う。

いもの曲がった部分は適当な大きさに切り、6面が均等になるように、幅を調整しながら縦に皮をむく。ここでも対面でむいていく。

えびいもとアンチョビの蒸し煮

いも自体の甘みを引きたてる、アンチョビ風味の簡単洋風おかず。どんな調理も受け止めるえびいものうまみを感じられる一品です。

材料（3〜4人分）

えびいも……2個
白ワイン……大さじ2
アンチョビ……6枚
タイム……1枝

作り方

1　えびいもは真ん中の部分は2cm厚さに輪切りにし、六角に皮を切り落とす。上下の湾曲した部分は六方にむいて[*]2cm厚さに切る。大きいものは半分に切る。

2　フライパンに**1**を並べ入れ、白ワイン、アンチョビ、タイムを加えてふたをし、強火にかける。

3　沸騰してきたら弱火にし、5分ほど蒸し煮にして火を通す。

*側面が6面になるように皮をむくこと。

皮をむいたえびいもを、フライパンで蒸し煮にする。ハーブは好みのものでよい。

八つ頭《やつがしら》

里いもの一種でありながら、里いもとはまったく異なる食感に驚きます。子いもが分球せず、親子で一つ

の塊になっているのが特徴で、八つの頭がかたまっているように見えることから、この名前がつけられました。末広がりの「八」と、子孫繁栄、人の頭になる（上に立つ）という縁起のよい食材として、関西ではお正月のおせち料理に使われます。表面がデコボコで皮をむく作業に手間はかかりますが、ぬめりが少なく、扱いやすいです。身質は目の細かいじゃがいも、味わいは甘みの強い里いもといった印象で、シチューやコロッケなど洋風料理にも活躍します。

下ごしらえ

1

たわしでこすって泥などを洗い流し、水気をしっかり拭き取ってから、溝に包丁を入れてこぶごとに切り分け、さらに用途に合わせた大きさに切る。

2

皮を厚めにむく。

3

塩を振って手でもみ、ぬめりが出てきたら水でよく洗い、水気をきる。

選び方

皮が乾燥しすぎていないもので、丸みがあり、手に持つと重みがあるものを選ぶ。

保存

新聞紙で包み、冷暗所で保存する。土は乾燥を防いでくれるので、土つきの場合は洗わずに新聞紙で包んで保存。

八つ頭と鶏肉の煮物

ほくほくとした八つ頭ならではの食感にうまみがからみます。
汁も煮詰めて、こっくりした仕上がりに。

材料（3〜4人分）

八つ頭……約1/3個（正味約430g）
鶏もも肉……1枚（約200g）
だし……3カップ
しょうが（薄切り）……3〜4枚
酒……大さじ2
みりん……大さじ3
うす口しょうゆ……大さじ1
針しょうが……適量
太白ごま油、塩……各適量

作り方

1 八つ頭は大きめの一口大に切って下ごしらえする。

2 鶏肉は余分な脂を除いて筋を切り、一口大に切る。

3 鍋に太白ごま油少量を熱し、**2**を皮目から焼く。全体に焼き色がついたら取り出し、鍋をさっと洗う。

4 **3**の鍋に**1**を入れ、だし、しょうがを加えて落としぶたをする。中火にかけ、沸いてきたらアクを取り、弱火にして八つ頭に火が通るまで20分ほど煮る。

5 竹串を刺してみてスッと通るようになったら酒とみりんを加え、さらに10分煮る。塩ひとつまみ、うす口しょうゆを加えて鶏肉を戻し入れ、10分煮る。

6 落としぶたを取り、火を強めて煮汁を煮詰める。ときどき煮汁を全体にかけながら、底に少し残るくらいまで煮詰める。

7 器に盛り、針しょうがをのせる。

鶏肉は皮目から焼き、きれいな焼き色がついたらいったん取り出す。

八つ頭のピリ辛ポテトサラダ

ピリ辛の韓国風で、じゃがいもとはひと味異なるポテサラです。

材料（2〜3人分）

八つ頭……約1/5個（正味約250g）

A
- 白ワインビネガー……小さじ1/2
- 塩、こしょう……各少々
- オリーブ油……少々

焼き豚……35g

コチュジャン……小さじ1弱

マヨネーズ……大さじ1

松の実（ローストしたもの）……大さじ1

あさつき（小口切り）……適量

塩……適量

作り方

1 八つ頭は一口大に切って下ごしらえし、たっぷりの湯で竹串がスッと通るやわらかさになるまでゆで、ざるに上げる。

2 **1**をボウルに入れ、**A**を加えてからめ、そのまま冷ます。

3 焼き豚は2cm四方くらいの薄切りにする。

4 ボウルにコチュジャンとマヨネーズを混ぜ、**2**と**3**、松の実を加えて和え、塩で味を調える。あさつきを散らす。

聖護院蕪《しょうごいんかぶ》

直径は20〜25㎝、重さは3〜5kgと日本の蕪としては最大のもの。身質がやわ

らかく、辛みと甘みのバランスがよいため、漬け物にしたときのなめらかさが特別です。また、煮崩れしにくいので、風呂吹きや含め煮、おでんに向いています。やさしい口あたりと蕪らしい甘い香りをしっかりと感じられることでしょう。関西の家庭ではおあげさん（油揚げ）とともに薄味に炊くのが定番。すりおろした聖護院蕪を新鮮な白身魚にかけて蒸した「かぶら蒸し」や、丸ごと薄切りにして漬けた「千枚漬け」は京の冬の代表的な料理です。

下ごしらえ

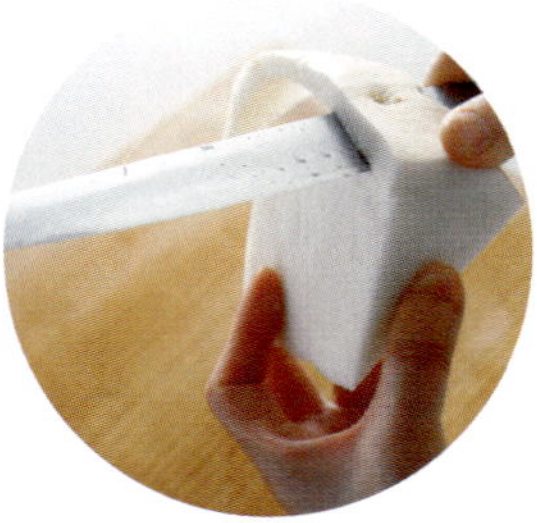

皮は、内側の白い筋を残さないように厚くむく。

選び方

むっちりと丸くて根元の色が白く、ひげ根が少ないものを選ぶ。手に持って重さがあるものは水分が詰まっていてみずみずしい。

保存

新聞紙で包んでポリ袋に入れ、冷蔵庫の野菜室で4～5日を目安に保存する。

かぶら蒸し

冬の寒い日に
蕪の白さを雪に見立て、
とろとろの銀あんをかけて食べる
風流な京料理。つなぎとして
卵白を混ぜ、淡雪のように
白くふわりと仕立てます。

材料（2人分）

聖護院蕪……1/6個
卵白……1/2個分
きくらげ（乾燥）……小1個
焼き穴子……1尾
ぎんなん……8個
ゆり根……10かけ

［銀あん］
一番だし……2カップ
酒……大さじ1
みりん……大さじ1
塩……ひとつまみ
うす口しょうゆ……小さじ1

［水溶き葛《くず》粉］
葛粉……大さじ1
水……大さじ2

おろしわさび……適量
塩……適量

作り方

1 きくらげは水に30分ほど浸けて戻す。かたい部分を切り取って細切りにし、さっとゆでてざるに上げる。

2 ぎんなんは殻をむいて（P.233「ぎんなん」下ごしらえ参照）網じゃくしなどでこすりながら塩ゆでし、水に取って薄皮をむく。

3 ゆり根は小葉の汚れた部分を除いて（P.239「ゆり根」下ごしらえ参照）塩ゆでする。水に取って水気をきる。

4 焼き穴子は頭とヒレを除き、一口大に切る。

5 蕪は皮をむいてすりおろす。水分が多い場合は水気を軽く絞る。

6 卵白に塩をひとつまみ加えて白っぽくなるまで溶きほぐし、**5**に加えて混ぜる。**1**も加えて軽く混ぜる。

7 耐熱の器2つに**4**と**3**、**2**を分け入れ、**6**をたっぷりかける。

8 よく蒸気の上がった蒸し器に**7**を並べ入れ、強火で7〜8分蒸す。

9 銀あんの一番だしを熱し、酒、みりん、塩、うす口しょうゆを加える。ひと煮立ちしたら煮汁を混ぜながら水溶き葛粉を加え、とろみがついてから再度煮立てて粉臭さを抜く。

10 **8**に**9**の銀あんをかけ、おろしわさびをのせる。全体を崩して混ぜながら食べる。

鯛かぶら

味わい淡泊な蕪に、鯛のあらのうまみを
じっくりと含ませ、
鯛の身と蕪をおいしくいただく、
冬の京都をならでは料理です。

材料（2人分）

聖護院蕪……1/4個
鯛（切り身）……2切れ
鯛のあら……1/2尾分
昆布……5g
水……700㎖
酒……大さじ1
みりん……大さじ1/2
うす口しょうゆ……少々
米のとぎ汁……適量
塩……適量
黄ゆずの皮……適量

作り方

1 鯛のあらは塩を振って10分おき、約90℃の湯をたっぷり注いで表面が白くなったらすぐ水に取り、残ったうろこや血合いなどをきれいに洗い落とす。水気をきって、昆布、分量の水とともに鍋に入れ、中火にかける。煮立ってきたらアクを取り、弱火にして30分ほど煮出し、厚手のキッチンペーパーを敷いたざるにあけて煮汁をこす。

2 蕪は半分に切り分け、皮をむいて面取りをし、米のとぎ汁でゆでる。竹串がスッと通るくらいのやわらかさになったら水に取って10分ほどさらす。

3 **1**の煮汁を鍋に移し、**2**を加えて中火にかけ、煮立ってきたらごく弱火にして酒、みりんを加え、5分煮る。塩ひとつまみ、うす口しょうゆを加えてさらに5分煮る。そのまま冷まして味を含ませる。

4 鯛の切り身は軽く塩を振って10分おく。80℃くらいの湯をかけて表面が白くなったらすぐ水に取り、残ったうろこなどを洗い落とし、水気を拭く。**3**を温め、煮立ったら鯛を加えて静かに火を通す。

5 器に蕪と鯛を盛り、汁をたっぷり注ぎ、松葉に切った黄ゆずの皮を添える。

約80℃の湯をかけて、表面が白くなる程度にさっと加熱することを「霜降り」という。

天蕪
赤蕪

赤蕪

皮の色が赤い蕪は日本各地で栽培されています。代表格は滋賀県の伝統野菜でもある万木《ゆるぎ》蕪や、山形県の温海《あつみ》蕪。葉付きで紡錘《ぼうすい》形の物や、葉付きではない扁平形の物(写真)など品種も形も実にさまざまですが、いずれも出回るのは冬のみ。色の美しさと独特の辛みを生かして、甘酢漬けにするのがおすすめです。

天蕪

正式名は「天王寺蕪」と言い、直径8～10㎝の扁平形。大阪市天王寺が発祥の地で、「なにわの伝統野菜」にも認定されています。身質は緻密でなめらか、甘みが強いので、漬け物やサラダなどの生食に向いています。葉や茎もクセがなくやわらかいので、炒め物やお浸しにして余すところなくいただきましょう。関東で栽培されている天蕪《かぶ》のルーツは、この天王寺蕪です。

選び方

赤蕪、天蕪ともに、皮に張りがあり、ひげ根が少なく、手に持って重さがあるものを選ぶ。いずれも葉つきの場合は、葉がピンとしてきれいなものがよい。

保存

赤蕪、天蕪いずれも、新聞紙で包んでポリ袋に入れ、冷蔵庫の野菜室で4～5日を目安に保存する。

天蕪の浅漬け

きめ細やかでつるりとした舌ざわりの、天蕪特有の浅漬けです。

材料（作りやすい分量）

天蕪……1/2個
天蕪の葉（やわらかそうなもの）……60g
塩……小さじ1と1/2強
昆布……3g
赤唐辛子（種を除く）……1本

作り方

1 天蕪は皮をむき、1㎜厚さ程度のいちょう切りにする。
2 簡易漬け物器に天蕪と葉を交互に入れ、そのつど塩を振る。ふたをして押しをかけて一晩おく。
3 水気がたっぷり出たらふたをはずし、密封袋などに移して昆布、赤唐辛子を加え、空気を抜いて冷蔵庫で一晩おく。汁気を絞って器に盛り、赤唐辛子を小口切りにして飾る。

天蕪の葉と豚ひき肉のみそ炒め

冬の蕪は筋まで厚く皮をむくのがお約束。
たっぷり残るその皮と葉も、濃いめの味でご飯の供に。

材料（作りやすい分量）

天蕪の葉（粗みじん切り）……1/2個分（約100g）

天蕪の皮（粗みじん切り）……1/2個分（約160g）

豚ひき肉……100g

にんにく（みじん切り）……1かけ分

しょうが（みじん切り）……1かけ分

ごま油……小さじ2

信州みそ……大さじ1と1/4

砂糖……大さじ3/4

みりん……大さじ2

塩……適量

作り方

1　天蕪の葉と皮は約1%の塩（約小さじ1/2）を振ってもみ、しんなりしたら水洗いをして水気を絞る。

2　フライパンにごま油とにんにく、しょうがを入れて弱火にかけ、香りが出たら豚ひき肉を加えてぽろぽろに炒める。

3　**1**を加えて炒め、火が通ったら信州みそ、砂糖、みりんを加えてほとんど汁気がなくなるまで炒める。

◆冷蔵庫で4～5日保存可能。

天蕪と赤蕪のサラダ

やわらかい天蕪とかための食感の赤蕪の二重奏。浅漬けだけではない、冬蕪のおいしさを味わえます。

材料（2人分）

赤蕪……1/2個
天蕪……1/4個
ルッコラ……1/2束
スモークサーモン……80g
塩……小さじ1/3
白ワインビネガー、オリーブ油……各小さじ1
こしょう……少々

作り方

1　赤蕪は皮つきのまま縦に薄切りにし、天蕪は皮をむいて縦に薄切りにする。

2　**1**の赤蕪、天蕪を合わせ、塩をまぶして10分ほどおき、水気をきる。

3　ルッコラは食べやすくちぎり、スモークサーモンも食べやすく切る。**2**と合わせ、白ワインビネガー、オリーブ油、こしょうを加えて和える。

赤蕪の甘酢漬け

酢と合わせることで、まっ赤に発色する赤蕪ならではの漬け物です。

材料（作りやすい分量）

赤蕪……1/2個（約140g）

［塩水］

塩……小さじ1強（6g）
水……1と1/2カップ

［甘酢］

米酢……1/2カップ
水……1/2カップ
グラニュー糖……20g
塩……小さじ1/2強（3g）
昆布……3g
赤唐辛子（種を除く）……1本

作り方

1 赤蕪は皮つきのまま横の薄切りにする。

2 合わせた塩水に浸し、しんなりするまで30分ほど漬ける。

3 甘酢の材料を混ぜ、グラニュー糖を溶かす。**2**の蕪の水気を絞り、甘酢に漬ける。半日以上おいて味と色をなじませる。

くわい

大きな芽をつけている姿から「芽が出る」（仕事で大成する）、「芽出たい」など、縁起物としてお正月のおせち

料理やお祝いの席で用いられることが多い野菜です。ほくほくとした食感とほろ苦さが持ち味で、含め煮にするのが定番ですが、実は揚げるのがおすすめ。油と合わせると苦みがほどよく抜けて、おいしさが引き立ちます。くわいには種類があり、日本料理で使われるのはオモダカ科の「青くわい」。主に中国料理で使われるシャキシャキとした歯ざわりの「黒くわい」はカヤツリグサ科の別物です。

選び方

皮が青銅色でつやがあるものを選ぶ。丸く膨らんだ部分がかたく、芽がピンとしているものがよい。

保存

ポリ袋に入れて冷蔵庫で保存する。長く保存したい場合はボウルや密閉保存容器に水をはり、くわいを浸して冷暗所に置く。

くわいのおろし揚げ

独特のえぐみとねっちりとした食感がクセになる、くわい料理の中でもイチオシメニュー。くわいの出回る時期が短すぎて、作る機会がなかなかないのが残念。

材料（作りやすい分量）

くわい……2個

卵黄……1/2個分

塩、揚げ油……各適量

作り方

1 くわいは芽を残して皮をむき、芽の部分を持ってすりおろす。

2 **1**にほぐした卵黄と塩少々を加えて混ぜる。

3 揚げ油を165℃に熱し、**2**をスプーンですくって落とし入れて揚げる。泡がほとんど出なくなってピチピチと音が変わり、菜箸でさわると弾力があれば引き上げ、油をきって塩を振る。

すりおろしたくわいをスプーンで落としながら揚げていく。菜箸でさわってみて、弾力があれば引き上げる。

くわいせんべい

薄くスライスしたくわいを素揚げにするだけ。
パリパリとしてほろ苦く、酒の供に最適な和風スナックです。

材料（作りやすい分量）
くわい……3個
揚げ油、塩……各適量

作り方

1 くわいは芽と底の部分を切り落として皮を六方にむき[*]、横に薄切りにする。水にさらし、水気を拭く。

2 ざるに並べ、室内で30分ほど干して水分をとばす。

3 揚げ油を160℃に熱し、**2**を素揚げにする。泡がほとんど出なくなってカリカリになったら引き上げて油をきり、塩を振る。

4 ボウルにキッチンペーパーを細かくちぎり入れ、この中に**3**を入れて底からすくうようにして軽く混ぜ、キッチンペーパーに油分を吸わせてカリッとさせる。

＊上下を切り落としてから、側面が6面になるように皮を厚めにむく。1面をむいたら、反対側の1面をむくと、形を整えやすい。

◆保存する場合は、乾燥剤と一緒に保存袋に入れて密閉する。

水分を含んでいると揚げたときに曲がってしまうので、軽く干す。

芽キャベツ

見た目は一口サイズのキャベツのようですが、実り方はまったく違います。キャベツが茎の上に大きく1

個結球するのに対し、芽キャベツは葉のつけ根に出てくる脇芽に結球し、1本の茎に50~60個が鈴なりになります。切ってみると中はしっかりとかたく巻いてあり、味わいや甘みはキャベツよりも濃厚。愛らしい形を生かして、丸ごとフライにしたり煮込みに、半分に切ってソテーにするのがよいでしょう。サラダの材料として人気のプチヴェールは、芽キャベツとケールを交配させた野菜です。

下ごしらえ

1

根元の乾燥したり、茶色くなった部分を包丁で切り落とす。

2

火の通りをよくするため、根元の方に十文字に切り込みを入れる。

選び方

緑色が濃く、中がかたくしっかりと巻いているものがよい。葉が黄色くなっているものは鮮度が落ちているので避ける。

保存

洗わずに、密閉袋に入れて冷蔵庫の野菜室で1週間。できるだけ早く食べること。冷凍する場合は、さっとかためにゆでて密閉袋で保存する。

芽キャベツの丸ごとフライ

形を生かしたかわいいピンチョス仕立てのフライです。じっくり揚げることで、甘みが増します。

材料（2人分）

芽キャベツ……6個
薄力粉……大さじ2
溶き卵……1/3個分
パン粉……約1/2カップ
揚げ油、好みのソース……各適量

作り方

1 芽キャベツは下ごしらえする。

2 **1**に薄力粉、溶き卵を順に2回繰り返してつけ、パン粉をたっぷりまぶして、手で握ってしっかりつける。

3 揚げ油を160℃に熱し、**2**を揚げる。じっくり揚げて中まで火を通し、油をきる。器に盛り、ソースを添える。

芽キャベツとベーコンの蒸し煮

芽キャベツの甘みが主役。ベーコンのほか、アンチョビやソーセージでも。

材料（2人分）

芽キャベツ……6個
ベーコン……4枚
にんにく……小1かけ
タイム……1枝
白ワイン……1/4カップ
塩、粗びき黒こしょう……各適量

作り方

1 芽キャベツは縦半分に切り、芯に切り込みを入れる。ベーコンは1.5㎝幅に切る。

2 小鍋に、**1**とにんにく、タイム、白ワインを入れ、塩少々を振ってぴったりとふたをし、強めの中火にかける。沸騰してきたら弱火にし、約10分蒸し煮にする。

3 芽キャベツに火が通ったら器に盛り、こしょうを振る。

下仁田ねぎ

ずんぐりとして背丈が15〜20㎝と短く、直径が4〜5㎝もある太い白根のねぎ。

選び方

しっかりと重みがあり、白い部分が締まっていて弾力があるものを選ぶ。やわらかくて張りがないものは古くて乾燥しているため避ける。

群馬県下仁田市で栽培され、その昔、お殿様にわざわざ所望されたことから別名「殿様ねぎ」とも呼ばれています。火を通せば短時間でやわらかくなり、ほとばしる濃厚な甘みと風味、とろけるような舌ざわりが真骨頂。葉先までやわらかいので丸ごといただきましょう。収穫時期が短く、市場に出回る量も少ないため、見つけたら即買いがおすすめです。すき焼きなどにも最適です。

下ごしらえ

1

外側の皮をむく。

2

根元を切り落とす。

保存

切り口をラップで包んでから全体を新聞紙で包み、冷蔵庫の野菜室へ。できれば立てて保存するのがよい。泥つきのものは、そのまま新聞紙で包んで冷暗所に。

下仁田ねぎのアンチョビ焼き

焼きねぎの、噛んだときに中から熱いものがジュッと出てくるのを避けるため、短くカットして使います。見た目も愛らしく、とろんとした甘さもそのまま。

材料（2人分）
下仁田ねぎ……2本
アンチョビ……4切れ
オリーブ油……小さじ1

作り方

1 下仁田ねぎは下ごしらえし、2cm長さに切り分け、グラタン皿に並べる。

2 アンチョビは叩いて**1**に散らし、オリーブ油を回しかける。

3 230℃に予熱したオーブンに入れ、約25分焼く。オーブントースターを使用する場合は中火で焼き始め、色づいたらアルミホイルで覆って中まで火を通す。

短く切った下仁田ねぎを、グラタン皿に隙間ができないようにきっちり詰める。

下仁田ねぎと牛肉のすき煮

火を通すと格段に甘くなる下仁田ねぎが主役の、甘めのしょうゆ味でさっと煮た一皿。牛肉に、煮詰めた汁を絡めて仕上げます。

材料（2人分）

下仁田ねぎ……2本
牛薄切り肉（すき焼き用）……150g

A
酒……大さじ1と1/3
砂糖……大さじ1
みりん……大さじ2
しょうゆ……大さじ1

粉山椒……適量

作り方

1 下仁田ねぎは下ごしらえし、4cm長さに切り分け、白い部分は縦半分に切る。

2 小さめのフライパンに**A**を煮立て、弱めの中火にして牛肉を広げて入れる。火が通ったらいったん取り出す。

3 **2**の煮汁を再度煮立て、アクを取って**1**を白い部分から加える。強めの中火にして煮汁を煮詰めながら火を通す。

4 底に少し汁が残るくらいになったら牛肉を戻し入れて煮汁をからめる。器に盛り、粉山椒を振る。

金時にんじん

坂田金時（金太郎）のように赤みが強いことから名づけられ、京都産のものは

「京にんじん」とも呼ばれます。主な産地は香川県をはじめとする四国、中国地方、九州など。長さは大きいもので約30㎝もあり、身はやわらかで甘みが強く、煮崩れしにくいだけでなく、芯まで色むらがないため料理の彩りとして、梅の形に切って椀物のつまにしたりなど重宝されています。特にお正月のおせちの煮しめや紅白なますには欠かせない食材です。にんじん特有の香りがしっかりあり、リコピンやβカロテンが多く含まれています。

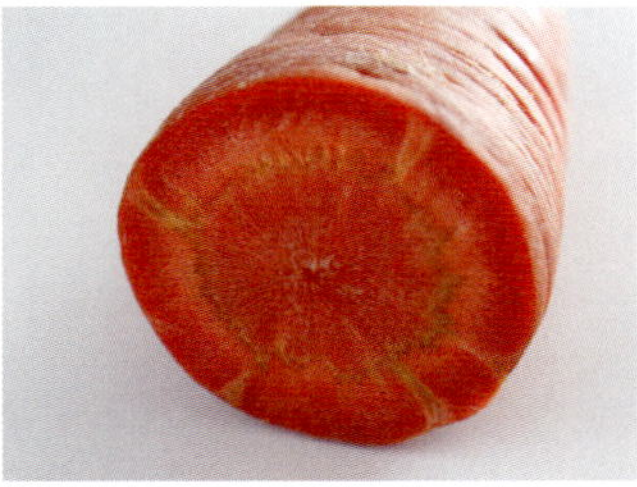

芯まで鮮やかな赤色は、金時にんじんならでは。

選び方

できるだけ鮮やかな濃い紅色で、皮に張りがあるものを選ぶ。葉の根元が黒ずんでいるものは古くなっているので避ける。

保存

葉つきの場合は葉元から葉を切り取って新聞紙で包み、冷蔵庫の野菜室で保存。泥つきなら、そのまま新聞紙で包んで冷暗所で2～3週間を目安に保存する。

紅白なます

紅白のコントラストが美しいなます。バランスがよいのは白3対紅1。にんじん、大根を同じ長さに切れば、太さの違いでいい感じの比率になります。

材料（4〜6人分）

金時にんじん……4cm

三浦大根……4cm

［甘酢］

米酢……1/2カップ

水……1/2カップ

グラニュー糖……20g

塩……少々

赤唐辛子（種を除く）……1本

塩……適量

作り方

1 金時にんじんは皮をむいて細い棒状に切る。塩ゆでして水に取って冷まし、水気をきる。

2 三浦大根は筋まで厚く皮をむき、にんじんよりやや太い棒状に切る。塩4gを水1カップに溶かした立て塩に浸し、しんなりするまで20分ほどおく。

3 小鍋に甘酢の材料を合わせてひと煮立ちさせ、冷ます。

4 2の水気をきってさっと洗い、水気をしっかり絞る。

5 3に1と4を浸して混ぜ、冷暗所において半日以上漬けて味をなじませる。

粕汁

酒粕に白みそを加え、まったりとした味に仕上げた粕汁。白い汁に金時にんじんの鮮やかな赤が映えます。

材料（2～3人分）

金時にんじん……25g
油揚げ……1/3枚
大根……30g
ごぼう……3cm
こんにゃく……30g
生しいたけ……小1個
里いも……小1個
だし……2カップ
白みそ（西京みそ）……80g
酒粕（ペースト状のもの）……65g
小ねぎ（斜め切り）……適量
塩、一味唐辛子……各適量

作り方

1 油揚げはボウルに入れて湯をかけ、水気をきってキッチンペーパーなどで水気を押さえて油抜きをし、3cm長さの短冊に切る。

2 金時にんじん、大根、ごぼう、こんにゃく、生しいたけは**1**の大きさに合わせて切り、ごぼうは水洗いをし、こんにゃくは下ゆでしてざるに上げる。

3 里いもは3cm長さで太めの棒状に切る。

4 鍋にだしを中火で温め、**1**、**2**、**3**を加えて煮る。火が通ったら、白みそ、酒粕を溶き入れて弱火で静かに10分ほど煮、塩で味を調える。

5 椀に盛り、小ねぎを散らして一味唐辛子を振る。

酒粕は、白みそとともにみそこしに入れて溶かしながら加えると、だまなどできずに手早く混ざる。

うど

漢字で書くと「独活」。早春にあっという間に生長することから名付けられました。日本原産の野菜で、

出回っているもののほとんどが日を当てずに栽培された「軟白《なんぱく》うど」です。山野に自生する「山うど」はとても希少で、「山うど」と称して売られているものも多くは露地栽培。これは茎の半分に土をかぶせて育てます。軟白うどの主な産地は関東や東北。白い茎のところどころに薄赤色がさし、葉先は黄緑色。料理は山菜らしい野趣あふれる香りと滋味、みずみずしい歯ざわりを生かしてシンプルな和え物に。皮はきんぴらや天ぷらにしていただきます。

下ごしらえ

1

皮は、外側のかたい部分を取り除くように、内側の筋のところまで厚めにむく。

2

きんぴらや和え物に使うときは酢水にさらし、ハリハリ鍋の場合は水に浸けてアクを取る。酢はうどをかたくするので、生食以外は水にさらす方がよい。

選び方

茎が太く短めで、全体にうぶ毛が痛いほどしっかりついているものが新鮮。

保存

時間がたつとかたくなり、苦みやアクが強くなるので、そのつど使い切るのが理想的。保存する場合は、新聞紙で包んで冷暗所に置き、翌日中に調理を。

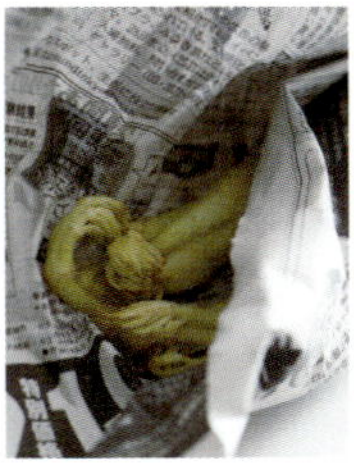

うどと豚肉のハリハリ仕立て

水菜の食感に由来するハリハリ鍋を、シャクシャクのうどとうまみたっぷりの豚肉で煮物風に仕立てます。

材料（2人分）

うど……20cm

豚薄切り肉……80g

しょうが（薄切り）……3枚

［煮汁］

だし……1と1/2カップ

酒、みりん……各大さじ1

塩……ひとつまみ

うす口しょうゆ……小さじ1/4

作り方

1 うどは皮をむき、3cm長さ、5mm幅程度の短冊に切る。水にさらしてアクを抜く。

2 豚肉は3cm幅に切り、ボウルに入れてたっぷり熱湯を注ぎ、表面が白っぽくなったらすぐ水に取って冷まし、水気をきる。

3 煮汁を作る。鍋にだしを温め、煮汁の残りの材料を加えて味を調える。

4 **3**に**2**と汁気をきった**1**を加え、煮汁に沈めるように上下を返しながら火を通す。

5 器に盛り、汁をはる。

うどの皮のきんぴら

うどは捨てるところのない野菜。厚めにむいた皮や細い茎も、きんぴらにして無駄なく使えます。

材料（3～4人分）

うどの皮、細い茎……1本分
ごま油……小さじ1
酒、みりん……各大さじ1と1/2
しょうゆ……大さじ1
一味唐辛子……適量
酢……適量

作り方

1 うどの皮、細い茎は太めのせん切りにし、酢水にさらしてアクを抜き、水気をきる。

2 鍋にごま油を熱し、**1**を加えて強火で炒める。しんなりしてきたら酒とみりんを加えて強めの中火で煮詰め、しょうゆを加える。ほとんど汁気がなくなったらでき上がり。器に盛り、一味唐辛子を振る。

◆冷蔵庫で4～5日保存可能。

かき

国産のかきには、主に日本海側で夏に獲れる「岩がき」と、太平洋側で養殖され、冬に出荷される「真がき」の2種類があります。ここで取り上げるのは、冬に旬を迎える真がき。北海道、岩手、宮城、広島が主な産地です。生食は海の香りを凝縮したような風味とクリーミィな味わい、

なめらかな舌ざわりが魅力。加熱しても力強いうまみがあるため、みそと合わせたり、クリーム煮などこってりとした冬の料理に向いています。売られているものには生食用と加熱用があり、加熱料理にも生食用の方がよいと思われがちですが、さにあらず。生食用は数日かけて殺菌、洗浄を行なうため身が痩せたり、水っぽくなることも。加熱するなら、うまみが濃い加熱用を購入する方がよいでしょう。

選び方

殻のカップが深く、傷が少ないもの、手に持ったときに重みがあるものを選ぶ。信用できるお店で買うのが最も確実。むき身の場合はふっくらとして透明感のあるものが新鮮。

保存

むき身の場合は1日も早く食べきること。かきは生命力が強いため、殻つきなら1週間くらいは大丈夫。乾燥しないように塩水でぬらしたキッチンペーパーで包んでラップ、またはポリ袋で包み、冷蔵庫で保存する。ただし、2日たったものは必ず加熱を。

殻から取り出す

1

かきむきナイフを用意する。いろいろな形や大きさがあるので、使いやすさや手の大きさに合わせて選ぶ。なければテーブルナイフでも可。

2

たわしでこすって殻の汚れを取り除く。洗うとうまみも流れてしまうので、流水は厳禁。できるだけ手早く掃除する。

3

手にタオルをのせる、または軍手をする。カップが深い方を下に、殻が平らな方を上にし、2枚の貝の綴じ目（蝶番）を手前にして持つ。右斜め上あたりに貝柱があるので、そこにナイフを差し込む。

4

殻が平らな方（蓋）の内側に沿ってナイフを動かしながら、ふたについている貝柱を切って殻を開く。同様に、下の殻についている貝柱を切る。殻の中の汁は、キッチンペーパーでこしてとっておく。

5

殻から身を取り出す。

むき身を洗う

むき身は真水で洗うと鮮度が落ち、うまみも抜けるので、塩水で振り洗いする。ひだの間の汚れも丁寧に洗い落とす。

生がき

むき立てのかきのおいしさは格別です。貝柱の位置が見つからなければ、殻を割るか、殻ごと先端を切り落としてナイフを差し入れて構いません。

材料（2人分）

かき（殻つき）……6個
塩水（水2カップに塩8g）……適量
［エシャロットビネガー］
エシャロット（みじん切り）……小1個分
赤ワインビネガー……大さじ2と1/2

黒パン、バター……各適量
レモン（くし形切り）……2切れ
パセリ……適量

作り方

1 エシャロットビネガーの材料を合わせる。

2 かきは殻から身を取り出し、塩水で振り洗いをし、水気をきる。殻は再度たわしで洗い、水気を拭く。

3 殻にむき身を戻し、身を取り出す際にこしたかきの汁を少量かけ、器にバターをぬった黒パン、**1**、レモン、パセリとともに盛る。

かき田楽

殻を器にジュジュッと焼いた田楽。
ぷりぷりの身は甘みを増し、
焼けたみその風味がかきのうまみを引き立てます。
みそが溶け込んだ汁も絶品。

材料（2人分）

かき（殻つき）……6個

［田楽みそ］

赤だし用みそ……30g

白みそ（西京みそ）……20g

卵黄……1個分

酒、みりん……各大さじ2

グラニュー糖……小さじ1

大根おろし……1カップ

作り方

1 かきは殻から身を取り出す。

2 ボウルにむき身を入れて大根おろしを加え、もみ洗いをしてぬめり、汚れなどを取る。水洗いして大根おろしと殻のかけらなどを落とし、水気をきる。殻は再度たわしで洗い、水気を拭く。

3 鍋に田楽みそのみそを合わせ、残りの材料を加えてなめらかに練り混ぜる。弱火にかけてマヨネーズくらいのかたさまで練る。

4 殻にむき身をのせ、**3**の田楽みそを全体を覆うように塗り広げる。

5 よく熱したオーブントースター（または魚焼きグリル）に殻ごと入れ、3分ほど焼く（できれば上火だけで）。みその縁が軽く焦げたら焼き上がり。

大根おろしを使うと、ぬめりや生臭みが素早く取れる。汚れが取れて大根おろしが灰色になってきたら、水で洗い流す。

かきの表面を覆うように、田楽みそをたっぷり塗る。

かきフライ

かき料理の定番中の定番と言えば、
衣はサクサク、中はプリプリで
ジューシーなかきフライ。
揚げたてのアツアツを
タルタルソースとともにどうぞ。

材料（2人分）

かき（加熱用むき身）……10粒
大根おろし……2カップ
キャベツ（せん切り）……2枚分
ミニトマト……4個
レモン（くし形切り）……2切れ
薄力粉、溶き卵、パン粉、揚げ油……各適量
タルタルソース（下記参照）……適量

作り方

1 かきはボウルに入れて大根おろしを加え、もみ洗いをしてぬめり、汚れなどを取る。水洗いして大根おろしを落とし、水気をきる。

2 **1**に薄力粉、溶き卵、パン粉の順にまぶしつける。ふんわりと握るようにしてしっかりとパン粉をまぶしつける。

3 揚げ油を180℃に熱し、**2**を揚げる。きれいなきつね色になったら引き上げて油をきる。

4 器に**3**とキャベツ、ミニトマトを盛り合わせ、レモンとタルタルソースを添える。

パン粉はたっぷりまぶし、手のひらで軽く握るようにしてしっかりつける。

タルタルソース

手軽に作れる自家製タルタルソース。

材料（作りやすい分量）

玉ねぎ……1/8個
ゆで卵……1個
＊コルニションのピクルス……3本
パセリ……1/2本
マヨネーズ……大さじ2
塩……少々

＊ピクルス用の小さなきゅうり。

作り方

1 玉ねぎ、ゆで卵、ピクルス、パセリはみじん切りにする。

2 **1**とマヨネーズを合わせてさっくり混ぜ、塩で味を調える。

冬の鍋料理

冬ならではの温かさを味わえる鍋料理。
あんこう、ふぐ、はたはた。
この季節だけに出会える海の幸。
その味わいを生かした冬の鍋をどうぞ。

あんこう鍋

「西のふぐ、東のあんこう」と称されるあんこうは、グロテスクな外見に似合わず、その味は淡泊でコラーゲンたっぷり。身・皮・肝・えら・ひれ・卵巣・水袋（胃）は「七つ道具」と呼ばれ、頭と骨以外はすべて食べられる魚です。「海のフォアグラ」に例えられる、あん肝を溶かし込んだ濃厚なスープに具材のうまみが加わったごちそう鍋です。

あんこう

その他の具材

あんこう鍋

材料（2～3人分）

あんこう鍋用セット（市販）……1パック
あん肝……50g
［昆布だし］
―昆布……15g
―水……500mℓ
信州みそ……大さじ2
酒……大さじ2
みりん……大さじ3と$\frac{2}{3}$
しょうが汁……大さじ$\frac{1}{2}$
白菜……$\frac{1}{8}$株
せり……$\frac{1}{3}$束
長ねぎ……1本
春菊……$\frac{1}{6}$束
生しいたけ……3個
えのきだけ……$\frac{1}{4}$袋
塩……適量

作り方

1　昆布は分量の水に浸け、3時間から半日おいて、昆布を取り出す。

2　あん肝は塩10gを振って混ぜ、30分おく。水洗いをして水に浸け、塩抜きをする。

3　白菜はざく切りにし、せりは食べやすい長さに切る。長ねぎは斜めに切り、春菊は葉を摘む。生しいたけは軸を除いて笠に飾り切りをする。えのきだけは根元を切り落とす。

4　あんこう鍋用セットはボウルに入れて、80℃くらいの湯をたっぷりかけ、表面が白っぽくなったら水に取り、ぬめりを洗う。ざるに上げて水気をきる。

5　**2**のあん肝の水気をきり、小鍋でいる。火が通ってペースト状になったらみそを加えてのばし、酒、みりん、**1**の昆布だし1カップ、しょうが汁を加える。

6　**5**を土鍋に入れ、残りの昆布だしの半量、**3**、**4**を加えて中火にかけ、火の通ったものから汁とともに食べる。だしが煮詰まってきたら残りの昆布だしを加える。

あん肝は炒めてコクとうまみを引き出し、香ばしさをプラスする。

てっちり

猛毒を持つふぐを「当たると死ぬ」鉄砲に例え、略して鉄。そのちり鍋だから「てっちり」。冬の関西で人気の鍋料理です。昆布だしに具材を入れるだけのシンプル仕立てで、ふぐの繊細さと心地よい弾力を味わい尽くします。そして、何よりもうれしいのが濃厚なうまみが溶け出したスープで作る鍋の後の雑炊。こちらがメイン？と思うほどのぜいたくな〆です。

ふぐ

その他の具材

てっちり

材料（2〜3人分）

ふぐ鍋用セット（市販）……1パック

[昆布だし]

- 昆布……15g
- 水……500mℓ

白菜……1/8株

水菜……1/3束

長ねぎ……1本

しめじ……1パック

豆腐……1/2丁（150g）

もみじおろし、あさつき（小口切り）、ポン酢しょうゆ……各適量

作り方

1 昆布は分量の水に浸け、3時間から半日おく。

2 白菜はざく切りにし、水菜は食べやすい長さに切る。長ねぎは斜めに切り、しめじは小房に分ける。豆腐は大きめに切る。

3 ふぐをボウルに入れて80℃くらいの湯をたっぷりかけ、表面が白っぽくなったら水に取り、ぬめりを洗う。ざるに上げ水気をきる。

4 土鍋に**1**を昆布を除いて入れ、ゆっくり加熱する。湯気が上がってきたらふぐのあらの部分を入れ、沸いてきたらアクを取り、**2**とふぐの身や皮を加えて煮る。

5 火が通ったら取り分け、もみじおろし、あさつきを添え、ポン酢しょうゆをかけて食べる。

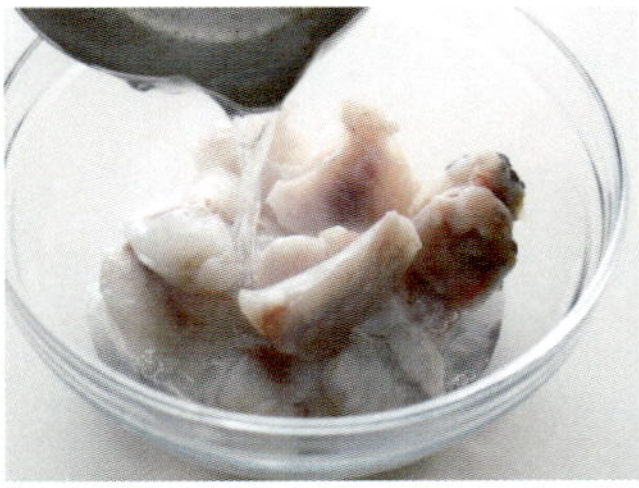

熱湯をかけて霜降りにした後、水洗いしてぬめりをしっかり取る。

しょっつる鍋

秋田の郷土料理の一つで、はたはたを丸ごと入れる鍋料理。味つけに使うしょっつるは、はたはたや小魚に塩や麹《こうじ》を加えて発酵させた魚醤で、秋田を代表する調味料です。はたはたのぷりっとした弾力のある身を楽しむには、煮過ぎは禁物。卵に火が通りきる前に食べるのがおいしいタイミングです。

はたはた

その他の具材

しょっつる鍋

材料（2人分）

はたはた……2尾
［昆布だし］
　昆布……15g
　水……1ℓ
豆腐……1/2丁（150g）
白菜……1/6株
長ねぎ……1本
生しいたけ……3～4個
えのきだけ……1/2袋
春菊……1束
しょっつる……大さじ2

作り方

1 昆布は分量の水に浸け、3時間から半日おく。

2 はたはたは、えらと内臓をつぼ抜き（左記参照）にする。

3 **2**をボウルに入れて80℃くらいの湯をたっぷりかけ、表面が白っぽくなったら水に取り、ぬめりを洗い落とし、水気を拭き取る。

4 豆腐は4等分に切り、白菜はざく切りにする。長ねぎは斜めに1cm幅に切り、生しいたけは軸を除く。えのきだけは根元を切り落とし、春菊は葉を摘む。

5 土鍋に**1**を昆布を除いて入れ、しょっつるを加えて火にかける。煮立ってきたら**3**と**4**を加えて煮る。器に煮汁とともに取る。

つぼ抜き

包丁の刃先を肛門に入れて腸のつけ根を切る。

えらぶたを開き、刃先を入れてえらの上下のつけ根を切る。

えらの周りの薄い膜も、えらの丸いラインに沿って切る。

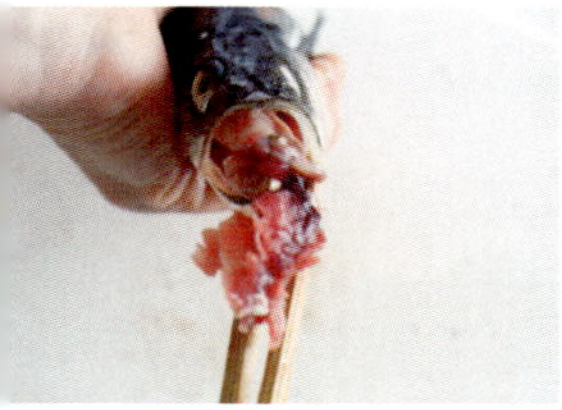

割り箸を割って口から差し込み、先を左右に少し開いてえらを挟むようにして奥まで入れる。内臓まで差し込んだら、箸をねじりながらえらごと内臓を引き抜く。ちぎれないようにゆっくり丁寧に抜く。えらぶたの下から指を入れて血合いをこすり落とす。残っている内臓もきれいに洗う。

野澤幸代《のざわ さちよ》

フードジャーナリスト。神田生まれの江戸っ子。大学卒業後、出版社で料理本の編集に携わる。独立後、インドやタイを拠点に2年近くユーラシア、地中海を旅し、現地の市場や厨房を探訪。帰国して編集の仕事を再開し、料理制作に携わる。本書ではP.10〜P.153、P.156〜P.208を担当。

久保香菜子《くぼ かなこ》

料理研究家。京都育ち。料理好きが高じて、高校生のころから京都の老舗料亭で懐石料理を学ぶ。大学卒業後調理師学校に入学し、調理師免許、ふぐ調理免許を取得。同校の出版部、東京の出版社で料理本の編集に携わった後、料理研究家として独立。本書ではP.154〜P.155、P.210〜P.383を担当。

アートディレクション
三木俊一

デザイン
高見朋子(文京図案室)

撮影
福岡 拓

スタイリング
久保香菜子(P.154、P.210〜P.383)

構成・編集・スタイリング
関澤真紀子

企画・編集
川上裕子(成美堂出版編集部)

本書は2016年発行の2冊のムック『旬の味手帖 春と夏』『旬の味手帖 秋と冬』を再編集し、1冊の書籍にしたものです。
内容は同じものですのでご注意ください。

旬の味手帖

著 者　野澤幸代《のざわさちよ》　久保香菜子《くぼかなこ》

発行者　深見公子

発行所　成美堂出版
〒162-8445　東京都新宿区新小川町1-7
電話(03)5206-8151　FAX(03)5206-8159

印 刷　TOPPAN株式会社

ISBN978-4-415-33529-2
落丁·乱丁などの不良本はお取り替えします
定価はカバーに表示してあります